與其事後越想越氣，不如當場這樣反擊

別把所有不對勁都當成 **過度反應**，
認清似是而非的 **性別誤區**，一招反制歧視與偏見，
鬼島女性走跳江湖必練的 **「語言防身術」**！

阿爾黛西亞アルテイシア

王蘊潔 譯

前言

女人生活在鬼島日本，光是能夠活著呼吸，就已經是一件了不起的事。我多麼希望這樣的日本女性可以活得更加輕鬆自在。

當初我基於這番夙願，開始寫一些「反駁刺心話的方法」、「不被討厭鬼擊垮的方法」，開設了教導女性自我保護的「語言防身術」專欄。

很多女性朋友看了我的專欄文章後，紛紛留言表示「我終於敢對性騷擾和職權騷擾說 NO 了」、「看了妳的文章，抒解了許多人際關係上的壓力」、「我學會在該生氣的時候生氣了」，這些感想讓我心滿意足，覺得人生已經無憾，下輩子投胎變成在水族館被人觀賞的花園鰻也沒關係！而這次，我決定把這些專欄上的文章集結成冊，出版問世。

本書中介紹了聊天機器人回應法、明菜回應法、愛迪生回應法、哲學回應法、貓 &BL 回應法、雞同鴨講回應法、老鼠會回應法、說教回應法、阿宅回應法、宗教回應法、艾斯迪斯回應法、肛門回應法等足以應對各種狀況的「語言防身術」。

書末我和朋友太田啟子律師的對談，也從法律的角度向各位女性朋友傳授「法律防身術」。

「遇到性騷擾和職權騷擾怎麼辦？」、「遭遇精神暴力或家暴怎麼辦？」、「遭到性侵怎麼辦？」、「遇到網路霸凌怎麼辦？」，太田啟子律師不僅從法律專家的立場針對這些問題提出專業建議，同時也會回答「怎麼樣才能找到好律師？」、「沒錢請律師該怎麼辦？」、「自由工作者和上班族有什麼不同？」這些常見的問題。

這是一本讓女性朋友能夠在鬼島生存的實用指南，我希望能夠幫助到更多人，所以期待各位把書送到圖書館、放在電車的置物架上，或是在朋友之間傳閱，讓更多人有機會讀到這本書。

曾經有讀者說：「妳寫出了我內心的不爽，看了妳的文章之後，心情很暢快。」

相信每個女生都曾經因為別人說的話感到不爽，忍不住想：「我為什麼這麼不高興？是我想太多了嗎？我反應過度了嗎？對方到底是什麼意思？難道是我不對嗎？是我有問題嗎？」因而陷入思考的迷宮，無法理出頭緒。

這種時候，如果能釐清自己不高興的原因，心情就會感到舒暢，更會在發現自己的感覺沒有錯之後放下心來。而且當場如果能夠用適當的話聰明回擊，還會進一步產生自信。

　　我今年 45 歲[1]，肉體已經失去瞬間爆發力，但語言的瞬間爆發力則持續上升，所以在人生路上越來越有自信。

　　但我在 20 歲時，即使別人對我說一些傷人或是讓人感到很不舒服的話，我也無法立刻還以顏色，總是把憤怒和震驚吞進肚子，笑一笑，假裝沒什麼大不了。

　　然後晚上睡覺前，想起白天的委屈，我往往大喊大叫，氣得直跺腳。這樣雖然有助於促進手腳的血液循環，但對心理健康卻有負面影響。於是我會在三更半夜上網搜尋「驅使怨靈的方法」，熟讀「如何用寶特瓶輕鬆驅使怨靈」，結果導致睡眠不足。

　　我很想站在過去的自己枕邊，把這本書遞

---

1. 編按：指 2021 年。

給她說：「只要學會語言防身術，日子就會過得更輕鬆。」但過去的我看到現在的自己出現在床頭，很可能會嚇得屁滾尿流，驚慌失措地質問：「妳是誰？好可怕!!」反而更加睡不著了。

鬼島日本的性別差距指數在全世界位居第120名的末段班，[2] 島上的年輕女性尤其遭到不平等的待遇。我二十多歲時，即使在公司受到性騷擾和職權騷擾，也覺得是自己有問題。當年的我被套上了「女人必須面帶笑容，親切待人」、「即使遭到性騷擾也要一笑置之」的枷鎖，努力扮演著識大體的女人。

於是我只能把憤怒和痛苦埋藏在內心，不斷侵蝕著自尊心，深受失眠和暴食、催吐的折磨。在持續忍受這些痛楚後，感覺漸漸麻木，最終失去了奮戰和逃走的力氣。

然而女性主義拯救了我。認識女性主義後，我才終於明白折磨我的枷鎖到底是什麼，然後發

2. 編按：在世界經濟論壇於 2023 年 6 月發表的《性別差距報告》中，日本的排行已下跌至第 125 名（共 146 國），在先進國家中敬陪末座。

現「原來我可以生氣」，於是學會了抗議，勇敢說出「好痛喔，把腳拿開啦！」這種話，在釋放壓抑的感情、把內心的感受說出口之後，生活變得更輕鬆自在。

如今，我每天都在寫一些抨擊性別歧視和各種騷擾的文章，活力充沛地過日子。雖然中年後越來越健忘，但至今仍然記得以前躲在公司廁所以淚洗面，一心想著要去死的日子。

我很想對那些像當年的我一樣的女性朋友說：「不要獨自躲在廁所哭，妳們能夠活著，就是一件了不起的事。」如果遞上殺人魔傑森的面具和電鋸，會被抓去警察局，所以我只能溫柔地遞上這本書。

書中有許多金玉良言，打破了在社會上蔓延多年、困住女性的枷鎖，希望所有女性朋友能夠以此作為武器，讓自己的生活更加健康有活力。

第 **2** 章
成事不足、敗事有餘的「幹話」建議

第 **3** 章

性騷擾、職權騷擾大戰開打！
那些鎖定女性下手的「惡男」

第 **4** 章

善用「語言防身術」拒之千里！
讓「這種人」敬而遠之

第 1 章

就算對方沒有惡意……那些看似稱讚的「刺心話」

「妳以後一定是個好太太」

把自己的意識形態強加在別人身上的老古板

「公司活動結束後，我正在收拾，結果一位男性前輩對我說『妳以後一定是個好太太』，我聽了超不爽。」

有個女生和我分享了這件事，當事人很煩惱：「我知道那個前輩其實是想稱讚我……我是不是太敏感了？我反應過度了嗎？」相信很多女生聽到這件事，都會感同身受地拍著大腿喊道：「我能體會這種心情！」而我當然也很有節奏地猛拍大腿哼唱：「我懂我懂我超懂～♪」

女生之所以會對「妳以後一定是個好太太」這句話反感，是因為感受到對方把過時的性別觀念強加在自己身上。只要想一想「如果我是男人，他會這麼說嗎？」，就可以瞭解自己為什麼這麼不爽了。比方看到男性員工在收拾，並不會有人對他說「你以後一定是個好丈夫」，也不會有人對在講台上慷慨激昂地演講的女人說「妳以後一定是個好太太」，大概只有出生在 16 世紀安土桃山時代的老人，才會說出「妳當女人太可惜了」

之類的話。

　　活動結束後的收拾作業是沒有人會注意到的幕後工作。幾年前，日本曾經有個在高中棒球隊擔任經理的女生因為前後捏了 2 萬個飯糰而引起話題，但如果這個女高中生是發明了棒球漫畫《巨人之星》中的「大聯盟魔球練成輔助架」，恐怕就無法成為大家稱頌的「佳話」了。

　　每當女人捏飯糰、洗運動服，「在背後默默犧牲奉獻」、支持在鎂光燈下大展身手的男人時，就會受到大家稱讚。每次看到這種事，我都忍不住想要吐槽：「哼，果然是性別差距指數排行第 120 名的鬼島日本！」、「不愧是經常把武士精神、大和撫子這種父權社會意識形態和傳統日本女性象徵掛在嘴上的國家！」

　　雖然已經進入了令和時代，但在日本社會，「賢妻良母」、「賢內助」、「男主外，女主內」這種性別觀念（性別分工）仍然根深柢固。稱讚擅長下廚和做家事的女人「以後一定是個好太太」，但對於不屬於這種類型的女人，就指責對方「缺乏女性魅力」、「以後會嫁不出去（驚！）」，現代女性已經受夠了這種狀況，為此感到怒不可遏──「不要強迫我們接受老舊的框架，不要干涉我們的自主權！」、「我為什麼不能為自

己的人生做主！」、「我才是自己人生的主人！」。

　　每次提到這件事，酸民的酸言酸語就會像紅潮般湧現，說什麼「有必要這麼生氣嗎？」、「反應太過度了吧？」、「女人就是這麼情緒化」，反正我早就習慣了。即使被揶揄是「老女人抓狂」、「更年期～呵呵」，我這個 45 歲的熟女仍然要告訴年輕女生——聽到別人說「妳以後一定是個好太太」時感到不爽完全沒有任何問題，反而代表妳的確隨著時代在進步。

　　我本人是在 1976 年出生的，在我學生時代，「班長是男生，副班長是女生」、「男人主事，女人輔佐」之類的規定是天經地義。到了今天，即使表面上已經男女平等，但在踏入社會後，女性仍然會被男尊女卑的現實擊垮。

　　參加公司的入職考試時，只因為是女性就會被扣分；由於女性會去生孩子，所以在找工作時會被歧視；請產假、育嬰假或是推著娃娃車搭電車，都會被人皺眉頭嫌棄。在這樣的社會環境下，一旦女性選擇「那我不要生孩子了」，又反倒會被指責「自私任性，豈有此理」。

　　此外女性在職場上還經常受到打壓，說什麼「對女人不抱任何期待」、「即使努力也是徒勞」，要是她們放棄努力，就又會遭到輕視，認為「女人的工作能力就是不如男人」。在這

種風氣下，女人即使冒著生命危險生了孩子，想把孩子順利送進托兒所卻比登天還難，即使成功送進了托兒所，要兼顧育兒和工作，還比擠進天堂的窄門更難，如果淪為偽單親家庭，家事和育兒都落在自己身上，那可就真的升天蒙主寵召了！過著這種地獄般的生活，光是能夠活下來就很了不起了，真心希望我們的社會能夠讓女人光明正大地選擇自己的生活方式。

所謂的多元化社會，就是不妨礙別人的生活方式，不對別人的生活說三道四。**想要成為賢妻良母當然沒問題，但也可以自由選擇其他選項，不否定、不批判別人的選擇。**我們女人期待的只是這種理所當然的事，但在鬼島日本，這樣的希望卻變成了奢望。

一位 30 歲左右的女性朋友在向婚友社提交的簡歷中，寫著「希望可以找到一個一起工作賺錢、共同分擔家事的丈夫」，卻被專員改成「提出這種要求或許有點任性，但我希望婚後仍然可以繼續工作，所以如果另一半願意偶爾幫忙做家事就太好了」。這位朋友沮喪地表示「原來我的要求很任性……」，我看著她，忍不住露出了《進擊的巨人》中阿爾敏的表情說：「這個世界是地獄！」

「既然想要結婚，就要努力展現自己顧家的一面，表現出

賢妻良母的特質！」有不少女性朋友聽到這種高高在上的幹話建議，都不禁覺得「我想要結婚是不是錯了……」，紛紛退出婚活市場，不再參加聯誼、相親，不想再為找到伴侶而努力。

「把這些鬼話留著對地獄的魔鬼說吧！」雖然我很想放一把火燒了婚友社，但真正應該被地獄業火燒得精光的敵人，其實是性別的枷鎖。在無意識中四處散播「妳以後一定是個好太太」這種詛咒的人，大腦這個軟體該更新了。

雖然我們很難對身分地位比自己高的前輩和上司說：「這種言論已經落伍了，而且從性別平權的觀點來看，這根本是歧視性發言，你別再活在石器時代了。」但是也千萬不要笑著道謝，因為一旦露出親切的笑容，對方就會得寸進尺地追問一些「有男朋友嗎？」、「有沒有打算結婚？」之類惹人厭的問題。

女性朋友一定要改掉反射性地露出笑容的習慣，然後練習普丁臉（就是「你敢惹我的話試試看」的表情）。 如果沒辦法做出普丁臉，那就學學一臉嚴肅的鯨頭鸛。

「妳以後一定是個好太太。」當有人對妳說這句話時，就露出鯨頭鸛的表情看著他說：「什麼？……沒想到你的想法這麼老派。」對方或許就會意識到「原來我的想法已經落伍了」。

不然也可以反問對方：「嗯？為什麼這麼說？」、「我收

拾整理，因為這是我份內的工作，和當好太太有什麼關係？」假如對方是《JoJo 的奇妙冒險》中的連續殺人犯吉良吉影，或許要擔心被他炸死，但世界上畢竟很少有這種替身使者。如果他是沒有替身能力但有思考能力的人，說不定就會發現「兩者的確沒有關係」。當然，妳也可以反問他：「如果我是男人，你會說『你以後一定是個好丈夫』嗎？」

要是這人還是不識相地說「女人要識大體」、「我是在稱讚妳，妳乖乖接受就好」，實在會讓人很想賜他去死。但**要是因為身分地位的關係無法直接幹掉對方時，不妨用聊天機器人回應法回擊：「原來你有這種想法」、「你竟然這麼想？」**這種像聊天機器人一樣的說話方式會讓對方聊不下去，同時可以藉此暗示他「不要把你自己的想法強加在我身上」！

假使對方仍不肯罷休，最好的方法就是對他說：「我 100 歲的爺爺也這麼說呢，現在他生命垂危，所以我要回家了。」把對方當老番顛看待，然後瀟灑地轉身離開。

在鬼島日本，經常會遇到一些讓人大翻白眼、很想用球棒打爆對方腦袋的狀況，但如果真的把人打死或炸死就會被警察抓去吃牢飯，所以我希望各位女性朋友選擇善用語言的球棒，華麗地打爆對方。

「妳好堅強，真令人羨慕」

自以為是的旁觀者

「我在工作上遇到了不合理的事，於是去向主管反映，結果同事卻對我說：『妳好堅強，真令人羨慕。』我是因為在工作上付出過很多努力，也吃了不少苦頭，現在才有辦法向主管提意見……所以聽到同事這麼說，心裡超不爽。」

一位女性朋友和我分享了這件事。「**妳好堅強，真令人羨慕。**」這句話就像是對奪得金牌的運動選手說：「**真羨慕你這麼有天分。**」彷彿在暗示「你真幸運，天生就有這樣的資質」，讓人覺得自己之前付出的辛勞和努力完全被忽略了。

「不要反抗主管，逆來順受就可以相安無事」、「一個女人家還敢提什麼意見，簡直太狂妄了」、「女人乖乖閉嘴，默默做事就好」，在這種價值觀橫行的男性社會，這位女性朋友一路走來，想必都為了爭取自己的權益奮戰，過程中也必定一次又一次受傷，但別人卻用一句「妳很堅強」概括她一直以來的努力，就好像她是一個遲鈍的人，不會受到傷害……我一邊

寫這段內容，一邊忍不住獨自猛拍大腿高歌：「我懂！」

　　我的雙親是俗稱的「毒親」，就是那種會對孩子造成極大負面影響的父母，因此我的人生並不順遂。母親死於非命、父親自殺、弟弟失蹤，自己還面臨債務糾紛……我在拙著《看起來很快就會離婚的我，婚姻仍然健在的 29 個理由》中寫下了這些故事，書中也有不少對同樣擁有毒親的人有所幫助的生活智慧，希望各位有機會翻閱一下。

　　經常有讀者看了我寫的書之後對我說：「阿爾姊，妳真的很堅強。」因為我並沒有化解攻擊的替身能力，所以每次聽到這種話都很受傷。我知道大家說我堅強是在表達內心的佩服和稱讚，因此聽了不會不高興，但還是會想「我並不是不會受傷，也不是因為想堅強而變得堅強」。

　　人生走至今日，我的內心已是千瘡百孔，就像是渾身插滿箭的落敗武士，一聽到別人說我「很堅強」，就會覺得對方以為我沒有受過傷，所以內心總是忍不住反駁：「我可是傷痕累累地活到了現在。」

　　我一輩子都不會忘記父母對我的所作所為，現在聽到別人親子關係很好時還會感到心酸。年輕時，我的內心充滿了「嫉羨、憎恨、偏見、妒忌」，這些負面情感的陣容強大到簡直可

以組樂團了。我深深陷入了自我厭惡，也為此痛苦不已。雖然成為熟女之後神經變大條，人生越來越輕鬆，但至今看到長得像我父母的人，明知道是迷信，我仍會遵照習俗立刻握拳、把大拇指藏起來——否則害怕他們的靈魂又來找我麻煩。

即使我帶著這種心靈創傷，外人也無法用肉眼看到我內心的傷。如果外表長得像漫畫《黃金神威》中滿臉疤痕的杉元，或許別人還會察覺「這個人曾經行過地獄」，不然一般人根本無法瞭解別人走過怎樣的地獄，然而主動提出「要不要我連續三天三夜說說我經歷過的地獄？」也會讓人覺得壓力很大，何況落敗武士的造型很笨重，也太熱了。

我可以聽到遠方傳來猛拍大腿、表示贊同的聲音。這個世界上有很多人都帶著創傷過日子，有些人即使曾經受過傷，也無法向他人啟齒，還有些人會用說笑的方式告訴別人。**每個人都有過去，所遭遇的情況也各不相同，因此我不會輕易說別人「堅強」。比起「堅強」，「你真不容易」、「你受苦了」之類的話，應該更能讓人覺得被理解。**

我也是因為被人用這樣的話安慰過，才終於走出了傷痛。曾經有人對我說：「妳太厲害了，真想為妳立一座銅像！」這句話也讓我很高興，但並不是因為想變成銅像，而是可以感受

到對方誠懇地想要稱讚我。

至於比「妳好堅強，真令人羨慕」更傷人的，應該就是「我沒辦法像妳那麼堅強」這句話吧。我在拜讀川崎貴子女士的《我對乳房毫無眷戀》時，曾經在專欄中寫了以下的感想：

「川崎女士以聯邦軍機動戰士般的強度攻擊了乳癌，在她的人生中，應該曾有很多人對她說『我沒辦法像妳那麼堅強』。

但是看了她的書就會知道，這個世界上沒有人天生堅強，每個人都有堅強的一面，也有脆弱的一面，無論怎麼遍體鱗傷，仍努力讓自己堅強起來，才是真正的堅強。」

川崎女士告訴我她看這篇專欄文章看到哭出來，我覺得「再堅強的人也會流淚」，很想為她立銅像，而且要在銅像腳下供奉鬼殺日本清酒。

遇到有人說「妳好堅強，真令人羨慕」時，到底要怎麼回覆？如果只是不置可否地笑一笑，鬱悶感會一直留在心裡。要是對方說：「妳果然厲害，簡直無敵！」可就讓人更火大了。

所以不妨先「啊？」地一聲，露出驚訝的表情，然後問對方：「你說我堅強是什麼意思？」也可以模仿老牌演員菅原文太在《來自北國》中那句經典台詞「誠意到底是什麼？」的語氣，問他：「堅強⋯⋯到底是什麼呢？」如果對方還嬉皮笑臉，

就直接拿南瓜砸過去。

或是試著加快語速說：「我是因為工作需要才去向主管表達意見，這和堅強有什麼關係？」然後高深莫測地推一下眼鏡。要是對方惱羞成怒地說：「妳為什麼每次反應都這麼激烈？！」就撂出吉良吉影的名言：「不要用問句來回答問句‼」或是丟一個完全無關的問題回敬：「你還記得至今為止，自己吃了多少片土司嗎？」

假如對方的輩分或是地位比自己高，無法強勢地回敬時，建議採用明菜回應法。不妨參考模仿中森明菜的諧星友近，眼睛看著地上弱弱地問：「堅強……到底是什麼呢……？」只要說話時融入大量刪節號，對方多少也會意識到：「我是不是說了什麼不該說的話？」

明菜回應法很好用，可以在各種場合發揮。當有人問：「妳有沒有男朋友？」、「妳打算結婚嗎？」只要回答：「因為發生了很多事……」、「結婚……到底是什麼呢……？」他就會知道對妳來說「戀愛和結婚的話題是地雷」。

假使對方是妳再也不想打交道的人，還有一句能夠一槍斃命的經典台詞。

「妳好堅強，真令人羨慕。」

「但我在經濟上是弱者，借點錢給我！」

如果再模仿漫畫《守財奴》的主角說的話：「金錢是正義，沒有金錢的正義毫無意義。」對方應該就會害怕得瑟瑟發抖。

最後，**榮獲「讓人想殺了他的刺心話錦標賽」冠軍的一句話，就是：「妳好堅強，真令人羨慕，但男人可不喜歡太強悍的女人！」**會說這種話的男人想找的是比自己弱的女人，也就是容易支配的對象，表面上是「想要保護女人」，其實是希望女人聽從自己的話，內心充斥著男尊女卑的想法。

要是遇到有人說這種話，**不妨面帶笑容表示：「我對這種男人敬謝不敏♡」然後當著他的面單手把核桃捏爆**，暗示「要不要我捏爆你的蛋蛋？」，讓對方不敢造次。因此建議平時在口袋裡或是像松鼠一樣在頰囊裡藏一顆核桃，以備不時之需。

「妳很懂得討老男人的歡心嘛」

厭女症患者

　　「我在公司被拔擢為部門主管時，同期進公司的男同事居然說：『妳很懂得討老男人的歡心嘛。』我只是做好自己份內的工作，為什麼要被說成很懂得討好老男人？當時我太震驚了，什麼話都說不出來，現在越想越懊惱。」

　　一位女性朋友和我分享了這件事，我聽了也火冒三丈，很想一把揪住對方的衣領，把他丟進碎紙機。

　　如果是男性被拔擢為部門主管，通常都會受到同事肯定，稱讚當事人「你真優秀」、「你真的很努力工作」，但當女性被拔擢為主管時，卻會有人語帶嘲諷地說什麼「妳很懂得討老男人的歡心嘛」，**無法正當評價女性的實力和努力，認定她「絕對走了什麼旁門左道」**，這正充分體現了鬼島日本的男尊女卑 !! 我在一票女生聚會時提起這件事，所有人都附和：「我懂 !!」猛拍大腿深表贊同，還因為拍得太用力導致地面搖晃，引發了地殼變動。

這些女性朋友更提供了以下這些親身經驗：

「我跑業務時都會仔細向客戶說明產品，沒想到男同事卻說『真羨慕女生，客戶馬上就記住妳了』，或是『有女業務員來推銷，換成是我也願意掏錢』，讓我感到心很累，好像自己的努力都白費了。」

「我升上小主管時，比我資深的男同事四處八卦『她是不是和上司有一腿？』，其他人也都來問我『妳跟上司是不是真的有什麼關係？』……我雖然很喜歡那份工作，但沒辦法再和那個人共事，所以後來就離職了。」

這些案例充滿了男人的嫉妒和厭女情結。這些男人發現女人竟然比自己更能幹，於是越看越不爽，就給女人貼上標籤，揚言她們並不是靠實力和努力，而是利用「女人的武器」獲得工作上的成就──真想把這種卑劣的傢伙埋到地下數百公尺的地層去當肥料。

漫畫《凪的新生活》中，年輕女生經過一番努力終於順利和客戶簽約，卻被男人說什麼「太幸運了，原來老闆也是外貌協會的人」。這些男人經常用「年輕女人就是佔便宜」、「她是老闆的愛將」之類的話，讓女人感到心累，不知道這種人憑什麼說「我們正努力打造一個女性也可以大展身手的社會（雙

眼發亮）」？真想用釘書機把那些人的嘴巴釘起來。

也有人告訴我「我的主管是老男人，竟然要求我做簡報時一定要穿裙子」、「主管要我在客戶面前隱瞞已經結婚這件事」，即使進入了令和時代，仍然有很多老男人會不當一回事地說出這種話。

真希望那些打從心底認為「現在已經沒有女性歧視的問題了」、「妳自己太敏感了」的男人可以發現，他們能夠不在意這種事，本身就是一種特權。所以我要和眾多女性朋友並肩作戰，手拿大法螺號角和 Gretsch 出征，一路高喊：「殺了這些老男人！噗嗷嗷！」

但也有些女人會覺得「在日本這種地獄奮戰太可笑了」，於是選擇出走。

我以前在廣告公司任職時，曾遇到一位超優秀的女性前輩，她從小在國外長大，離開廣告公司後進了一家外資企業累積資歷，之後又在一家日本企業擔任管理職。她說自己對當時日本企業嚴重的男尊女卑風氣感到非常吃驚。

「男性下屬在工作上犯了錯被我教訓時，竟然惱羞成怒，對我大聲咆哮。我問他：『如果我是男主管，你還會這樣大聲說話嗎？』他竟然大言不慚地說：『問題是，妳就是女人啊！』

……說到底，他就是對自己在女人手下做事感到不滿。」

在經歷好幾次類似的情況後，她終於忍無可忍，對這樣的職場環境徹底失望，再度回到了外資企業，至今仍然在工作上有精彩的表現。

很多優秀的女性對男尊女卑的風氣感到厭倦，紛紛選擇出走。鬼島日本原本就有人手不足的問題，這下根本是屋漏偏逢連夜雨，然後那些男人還好意思說「女性擔任管理職的比例低，是女人自己的問題」？噗嗷嗷!!（吹響大法螺）

當女人被說「妳很懂得討老男人的歡心嘛」，往往都會煩惱「難道是我的態度有問題？」，但事實並非如此，有問題的是說這種話的人。**遇到這種情況時，不妨想想：「如果我是男人，對方還會這麼說嗎**？」

假設老闆對年輕男業務很滿意，認為他「外向開朗有活力，真的很不錯」時，並不會有人說他「利用了男色」、「年輕男生就是佔便宜」。以前在廣告公司任職時，有些男業務會陪客戶上酒店，也不會被揶揄「利用男色」，反倒因為和客戶「祖裎相見」、「建立男人之間的情誼」而受到肯定。這種同性情誼真是令人作嘔！嗚呃呃呃～（嘔吐）

厭女男不願意承認女人的實力，是基於不想輸給女人的嫉

妒心。那些不自覺地散布這種想法的男人，根本不把女人放在眼裡，認定「反正她們也不敢反駁」。

所以，**遇到有人說「妳很懂得討老男人的歡心嘛」，千萬不要笑著回答：「有嗎～你這句話是什麼意思嘛～」**而是要露出鯨頭鸛那樣的嚴肅表情反問：「啊？你這句話是什麼意思？」、「我只是做好自己份內的工作而已，你為什麼要說這種話？」如果對方回答：「沒什麼好生氣的吧？」妳就要馬上接著說：「不，我可沒有生氣，只是想問清楚而已，你為什麼覺得我在生氣？」

這樣的傢伙比屎甲蟲還不如……只要露出彷彿在看昆蟲的眼神，模仿鯨頭鸛的表情就會更到位，然後再像機關槍一樣質問對方：「如果我是男人你還會這麼說嗎？我想不會吧？你想過為什麼我是男人你就不會說這種話嗎？你從來沒想過吧？你不需要思考這種問題就可以安心過日子，本身就是一種特權。」

比屎甲蟲還不如的傢伙這時會啞口無言，妳再對他聳聳肩，表示「這些問題對你來說似乎太難了（苦笑）」，對方就會被妳嚇到，驚覺「慘了！這傢伙太聰明了」，於是以後再也不敢隨便靠近妳。

如果對方的輩分或地位比妳高，無法強勢回嗆時，不妨皺起眉頭說「會說這種話的男人還真不少……」，或是目不轉睛地默默觀察對方。當妳露出昆蟲學家法布爾般的表情注視著他，一副在思考「如果把這傢伙推倒在地，會不會露出好幾隻腳？」的樣子，對方或許會察覺自己前一刻的發言有問題。

　　每次聽說女性朋友遇到厭女男，我就會露出《進擊的巨人》中的阿爾敏和蟹工船的表情說：「喂，這個世界根本是地獄。」而且，並不是只有男人會這樣說，有些過度適應男性社會的女人也會說出「妳很懂得討老男人的歡心嘛」，或是「要好好利用女人的武器」這種話，相信不少女性朋友會因此感到絕望。我完全能夠理解她們無奈的心情，認清「在日本這個鬼島，凡事還是不說為妙，即使為此奮戰也是杯水車薪，無濟於事」。

　　然而，時代確實在改變。
　　10年前，我向出版社提議「想以女性主義為主題寫作」時，編輯根本不屑一顧，認為「這種書賣不出去」，如今出版社卻主動邀約「希望妳能夠以女性主義為主題創作」，這幾年有不少女性主義方面的書籍和文章，都接連吸引了讀者的目光。
　　在日本國會針對拒穿高跟鞋的「#KuToo運動」進行議論之

後，已有企業不再強制要求女性員工穿高跟鞋；2019 年，日本有連續多起性侵案被判無罪，引發輿論譁然，催生了民眾手持鮮花集會抗議的花朵運動，也讓「不再容忍性暴力」的聲音擴散到全國各地。性別歧視的言論和內容會在網路上遭到圍剿，日本社會也邁入了一個「該動怒就動怒」的時代，越來越多企業產生了危機感，瞭解到「性別意識不足，就無法生存」。

只要每一個人都發聲，社會就會逐漸改變。
　　所以從今以後，我也會繼續吹響大法螺。如果各位能夠帶著大法螺與 Gretsch 參與，或是有節奏地拍打大腿加入，我將感到莫大的欣慰。

「妳看起來不像是有小孩的媽媽」

以貌取人的膚淺人士

　　「由於我從事美容相關的工作，所以平時很注意自己的妝容和穿搭。不知道是不是因為這樣，經常有人對我說『妳看起來不像是有小孩的媽媽』，每次都讓我聽了很不爽。」

　　一位女性朋友和我分享了這件事。娛樂新聞經常會稱讚女藝人是「凍齡美女，完全看不出是兩個孩子的媽」，但幾乎不曾看過有報導誇獎男藝人「帥氣依舊，完全看不出是兩個孩子的爸」。

　　這可能是「媽媽都不注重外表」的刻板印象所導致，而這種刻板印象，便源自於「**育兒是女人的事**」、「**母親就必須為孩子犧牲**」的性別偏見。

　　雖然大家把「妳看起來不像是有小孩的媽媽」當作稱讚掛在嘴上，但當媽媽之後，如果妝化得很濃或是穿搭很有個性，就會有人指指點點，說「沒有當媽媽的樣子」；要是不修邊幅，又會被揶揄「已經放棄當女人了」。我相信很多媽媽因此都想

破口大罵：「這些三姑六婆吃飽撐著嗎？管那麼多！」就連膝下無子的敝人，都忍不住想要狂暴地敲響大鼓助陣。

天后安室奈美惠生完孩子重返樂壇時，媒體也毒舌地評論她「劣化走鐘」、「沒辦法再當偶像」。堂而皇之地以貌取人，正是容貌歧視大國鬼島日本的拿手絕活。

我的朋友久山葉子女士（《瑞典的孩子就讀托兒所不需要排隊》的作者）住在瑞典，她曾經告訴我，「在瑞典，『不以貌取人』、『不提及別人的外表』是連小孩子都知道的基本道德觀念。」

她的女兒從小就在瑞典長大，據說曾好幾次對她發脾氣，比方她不小心提到女兒同學的媽媽「真漂亮」時，女兒就凶巴巴地反問她：「媽媽，外表重要嗎？」

「女兒凶我，我反而發自內心感到高興。」當然葉子女士並不是被虐狂，而是深感「瑞典的小孩充分理解怎樣的行為違反了身為一個人的道德規範」。

女人對「妳看起來不像是有小孩的媽媽」這句話反感，是因為話中隱含了對媽媽的刻板印象和容貌歧視，也代表這些女性朋友的觀念已經升級。希望媒體也能夠以這些女性為榜樣，

早日升級更新。

　　2019 年，女性雜誌《Domani》的廣告在網路上遭到網友猛烈抨擊，當時的廣告文案如下：

　　「即使再忙，也不會看起來像媽媽！」

　　「『看起來不像媽媽』是最棒的稱讚♡」

　　「對不起，我要當一個壞媽媽♡」

　　「什麼 ?! 妳已經有孩子了!?」

　　「投身工作的女人，其實內心是男人。」

　　看到這些強烈充斥著昭和年代感的廣告文案，我差一點昏倒。這則廣告的目的是為了聲援該雜誌的讀者──職業婦女媽媽，但是這種向職業婦女施壓「即使育兒再辛苦，也不可以放棄當女人♡」的行為，根本無助於鼓舞與激發女性潛能。

　　而且廣告中指稱「不像媽媽的媽媽最出色」，就意味著「一眼就可以看出是媽媽的媽媽不合格」，這樣的言外之意會導致女性之間分裂成兩派，也和所謂的女性情誼（sisterhood）背道而馳。如果想要聲援讀者，不是應該傳遞「無論哪一種類型的媽媽都很棒」、「活著就很了不起」、「所有女性朋友都要相互扶持」之類的訊息嗎？

　　其中最令人髮指的，就是「投身工作的女人，其實內心是男人」。

　　這句話強化了「男主外，女主內」的性別分工，讓人懷疑「難道這是自民黨那些政客老頭寫的嗎？」。

　　許多女性朋友在網路上批評這則廣告「落伍的觀念讓人不舒服」、「我為什麼要當男人？」、「女人有抬頭挺胸、活得像女人的自由，絕不是要像男人一樣過活」，女性雜誌的廣告反而引起女人的反感，無疑成了一則失敗的廣告。如果事先讓我看一下文案，我就會明白指點他們：「這簡直就像全裸淋煤油當篝火燒，提油救火，這把火一定會燒得超旺。」然後只要付我 1000 圓的酬勞就好。

　　這種「即使當了媽媽，照樣要光鮮亮麗，照樣要活力充沛！」的昭和年代論調固然危險，但最危險的是出版社根本不瞭解自己的讀者。令和年代的職業婦女非但活力不充沛，還整天累得像狗一樣，「甚至無法每天好好泡澡」。據說日本媽媽的睡眠時間是全世界最短的，對著這些疲憊不堪的媽媽高喊「加油！不能放棄美容和時尚♡」，即使退一百步，也不得不說是鬼話連篇。

　　如果是我，就會學正能量企鵝寶寶，用萌萌的口吻問：「妳有泡澡嗎？好厲害！」接著起立鼓掌喝彩，又或是**狂暴地敲響大鼓吶喊：「別要求職業婦女媽媽當超人！」**

奧斯卡影后凱特・布蘭琪曾經接受日本的電視採訪，當記者問她：「妳身為母親，同時要兼顧演藝事業會不會很辛苦？」她回答：「如果我是西恩・潘或丹尼爾・戴─路易斯，你應該就不會問這個問題吧？」、「我們通常都不會問當父親的人兼顧工作和家庭會不會很辛苦。」真不愧是影后!! 我忍不住起立鼓掌喝彩，但如果是日本的女演員這麼回答，一定會受到輿論攻擊。在鬼島日本，要是不強調「我每天都清晨 5 點起床為孩子做便當」，就會被抨擊是「不稱職的母親」。

　　雖然這個社會如同地獄，但是從《Domani》的廣告遭到網友猛烈批評、影后凱特・布蘭琪的發言受到矚目可以發現，時代正在逐漸變化。

　　在我二十多歲時，超人型的媽媽往往會受到稱讚。我在廣告公司工作時，有一位女性前輩「不想拿家裡有小孩當藉口，使出渾身解數、拚死拚活，終於成為業績第一名的頂尖業務員」，很多後輩女同事都對她肅然起敬，紛紛表示「簡直崇拜死了！」，只有我一個人窩在角落瑟瑟發抖，覺得「我可做不到」。我沒辦法像她那麼拚，要是這樣說不定馬上就會過勞死，我感到絕望，覺得自己無法繼續待在這家公司……。

　　20 年過去了，**「並不是只有特別出色的女性才能在社會上大顯身手，必須努力打造一個普通女性也能安心工作的社會」**，

這樣的聲浪越來越高，無論有孩子或是沒有孩子，如果女人都能夠攜手合作、共同發聲，那就太可喜可賀了。

當有人說：「妳看起來不像是有小孩的媽媽」時，該怎麼回應？

畢竟對方自認在稱讚妳，所以怒不可遏地回嗆「你管我!!」也很奇怪，但又不想道謝……當妳舉棋不定時，**不妨露出天真無邪的表情，外加《風之谷》主角娜烏西卡的聲音問對方：「怎樣的女人看起來像是有小孩呢？」**只要模仿娜烏西卡，對方就不會覺得妳有惡意，或許還會因此察覺到「外人不該評論女性像不像母親」。

而且說這種話的人可能也正在為「不可以放棄當女人」、「當了媽媽仍然要注意美容和時尚」這些壓力煩惱，所以不妨告訴對方：「我因為工作的關係必須注重自己的儀表，但其實我整天忙得沒辦法泡澡，每天早上都想多睡一秒也好。」一旦說出真心話，或許對方也會猛拍大腿表示贊同。

我平時也會自我提醒，不要不小心說出這種話。

我們有時候都會暗自覺得別人「看起來不像有小孩」，或是「看起來比實際年齡更老」，但即使心裡這麼想，也不要說

出口，這就是避免強化容貌歧視的關鍵。

　　久山女士告訴我，**在瑞典，「即使對別人的容貌有任何想法，一旦說出口，就是不禮貌」，這已經成為常識，所以瑞典人不僅不會批評別人的容貌，據說連稱讚也是大忌**。雖然他們會熱切讚美別人「這件衣服很不錯」、「這個髮型很適合妳」，卻不會談論別人的長相和身材，也不會說別人「長得好漂亮」。

　　在日本，很多老男人會若無其事地說什麼「美女就是吃香」，也會拿別人的長相開玩笑。一位30歲左右的女性朋友說：「我們公司的男同事給女同事列了一張顏值排行榜，還跑來笑我是末段班。」更有些老男人會當面對女人說「妳真是胸前偉大」、「如果是妳，我完全可以」，還真心以為自己是在稱讚對方，完全沒有意識到這些話已經構成了性騷擾。

　　聽到久山女士說：「這種事如果發生在瑞典可是會上新聞的。」害我不禁以為瑞典這個國家是虛構的，就像魔夜峰央的漫畫《帕塔利洛》中的馬利尼拉王國那樣。只是當我表達出這樣的意見，往往就會有酸民來嗆我：「既然這樣，那妳滾出日本啊！醜八怪！」

　　如果是以前的我去瑞典，一定會被久山女士的女兒罵。我一直都讀女校，只要看到漂亮的姊姊就會驚豔得忍不住發抖，

脫口稱讚對方「妳太美了……！」或是「妳好美，呵呵呵」。我在讀中學時，還曾經和崇拜的學姊成為筆友，雖然年輕人聽了可能會很驚訝，以為我是活在上個世紀或是千年前平安時代的人，但可別忘了，當時可是連傳呼機都還沒有的年代。

即使是這樣的我，現在也不再誇獎人家是「美女」，而是學會說「太讚了，呵呵」。但是我覺得「可愛」也可以用來形容貓熊和掃地機器人，並不只局限於別人的容貌，所以很希望能夠繼續使用「可愛」這個詞。

我們每個人都應該意識到性別歧視和容貌歧視的問題，努力避免自己脫口而出的話成為束縛別人的枷鎖，如此一來，社會整體就可以升級、進步。我自己則打算勤練狂暴的大鼓，希望讓令和成為一個稍微好一點的時代。

「妳老公好體貼」

追求賢妻良母的丈夫至上主義者

「當我提到我家都是老公做晚餐時，別人就會對我說『妳老公好體貼』，讓我很不爽；當我把孩子交給老公、自己出門時，別人也會不停稱讚『妳老公真了不起』，同樣讓我難以接受。」

一位女性朋友和我分享了這件事。**女人之所以會對這些言論不爽，是因為感覺到「家事和育兒是女人的事」這樣的性別分工觀念被強加在自己身上。**儘管對方應該是想要表達「很高興妳嫁了一個體貼的丈夫」，但還是希望他想一下：「如果遇到的是男人，自己還會說出這種話嗎？」

現今有很多雙薪家庭，許多夫妻根據各自擅長的事分工做家事，像是「丈夫負責下廚，太太負責打掃」，每個家庭都努力摸索適合自己的合作方式，善用巧思處理家事，但仍然不乏愛管閒事的三叔六公。

一位女性朋友被公司的老男人同事說「就算妳不煮飯，妳老公也沒有怨言，他人還真好」，忍不住爆氣：「我老公永遠

被當成好老公，我永遠都是壞人，這太莫名其妙了！」另一位有孩子的朋友也忍不住生氣地說：「我老公照顧一下孩子就被稱讚是育兒帥爸，簡直太扯了！他照顧自己的孩子不是天經地義的事嗎！」

也有些老男人會說「妳不必那麼在意」，但是**能夠不在意周圍的聲音過日子是一種特權**。那些會抱怨「凡事都要扯到歧視或是性騷擾，那就什麼話都沒辦法說了」的人，只要閉嘴就沒事了。

「育兒是女人的事」這種價值觀會產生嚴重的負面影響，發展為「母親應該為孩子犧牲」的詛咒和枷鎖，也會造成更多偽單親媽媽和產後憂鬱症，還會讓男人更不容易申請育嬰假。我經常聽到男人宣稱申請育嬰假讓他抬不起頭，甚至可能影響升遷之類的事。

據說日本是世界上丈夫做家事和育兒比例最低的國家，查閱數據資料，也會發現日本男人花費在家事和育兒上的時間是先進國家中的末段班，於是育兒的負擔就集中在太太身上。我也聽說日本媽媽是全世界睡眠時間最少的人，這意味著男人參與育兒的權利被剝奪了，我希望男人要為這件事感到生氣。

我在廣告公司任職時，一位男性主管有個 1 歲的孩子，但

他每天都加班加到只能搭末班車回家。我原本很同情他太太，覺得她一個人帶孩子很辛苦，但聽到主管說：「我每天回家都只能看到孩子睡著的樣子……。」不禁覺得他也很可憐。和 20 年前相比，現在有更多男人勇於為自己發聲：「誰都無法剝奪我陪伴孩子成長的權利！」

一位三十多歲的男性朋友在女兒出生之後就決定不再加班，每天準時下班回家。他對我說：

「雖然年長的男性主管對我冷嘲熱諷，但我還是堅持『要幫女兒洗澡』，準時下班回家。我女兒只有我這個爸爸，何況孩子的成長不等人。」

研究資料顯示，「丈夫參與育兒和做家事的時間越長，夫妻生第二胎、第三胎的比例越高」。這位男性朋友的太太很快生了第二胎，他也花更多時間照顧孩子。最重要的是他親身體會到，丈夫參與育兒有助於促進夫妻感情，小孩子也會很愛爸爸，可以讓男人本身感到幸福。

真希望有更多男人向他學習，讓父親育兒成為普遍的現象。**當男人做家事、照顧孩子也不會被稱讚「妳老公好體貼」、「真是育兒帥爸」，這樣的社會就能夠讓男女老少以及其他所有人活得更輕鬆愉快。**

遇到有人說「妳老公（會做家事）真體貼」、「妳老公（會

照顧孩子）真了不起」時，到底該怎麼回應？如果只回答「是啊」，就好像同意「家事和育兒是女人的工作」這種性別歧視，讓人感到不爽；如果回答「謝謝」，對方又繼續說什麼「妳要好好感謝老公！」，就會令人更加心煩；要是還有人不識相地反問：「妳是在曬恩愛嗎？」搞不好還會一怒之下打死對方（用 Gretsch）。

我在推特 3 上看到有人發文說「阿爾的專欄中經常提到 Gretsch 這種武器，我去搜尋之後，只找到樂器」──沒錯，那的確是樂器（對不起）。

聽到這些令人不爽的刺心話，採用愛迪生回應法會很有效。

不妨露出愛迪生小時候的表情問：「爲什麼老公做家事就說他很體貼，我做家事卻從來不會受到稱讚？爲什麼？爲什麼會這樣？」愛迪生小時候對所有的事都充滿好奇，喜歡追根究柢，整天向周圍的人發問，所以大家都叫他「為什麼底迪」。雖然我們不知道愛迪生小時候是怎樣的表情，但只要一臉天真無邪地問「為什麼？」，或許就可以成為對方開始思考「到底為什麼呢？」的契機。

---

3. 編按：推特（Twitter）已於 2023 年 7 月正式改名為「X」。

要是遇到討厭的老男人，那麼不妨採用冷場回應法。

如果對方說：「妳老公竟然會幫忙做家事，真是太體貼了。」就回答：「咦？所以你不做家事嗎？」讓對方感到掃興。假使他說：「就算妳不煮飯，妳老公也沒有怨言，他人還真好。」妳就回答：「所以你會為這種事對太太發脾氣？」讓場面變得比北極還冷。

這時要是再補一槍說：「這……你太太真辛苦……。」對方八成就會想哭也哭不出來吧。

聽到讓自己不爽的刺心話時，沒必要給對方好臉色看，絕對要停止這種自虐行為。如果自嘲地說「因為我廚藝不精嘛」，對方說不定就會開始說教，說什麼「妳真是不稱職的太太」、「妳要不要去料理教室學做菜？」，到時候妳就會覺得有再多 Gretsch 也不夠用。

習慣說出這種自嘲的話會讓人看輕，覺得「可以隨便開她的玩笑」、「不用把她放在眼裡」，為了避免吸引到討厭鬼，千萬不要再自嘲了。

被討厭鬼纏上時，最簡單的技巧就是「顧左右而言他」。

當妳注視著其他地方，對方生氣地問「妳有沒有在聽我說話？」

時，不妨裝神弄鬼地說：「你不覺得牆壁上的污漬看起來很像人臉嗎？」只要讓人覺得妳這個人不會認真聽別人說話，就可以避開很多麻煩事，我極力推薦這個方法。

我個人很火大的事，就是每次聊起和女性朋友一起去旅行、聚餐，就會有人說「妳老公（竟然同意妳一個人出來玩）太體貼了」。敝人是自主獨立的 45 歲成年人，為什麼出門需要丈夫同意？太太做事需要丈夫許可的想法太落伍了，而且日文的「同意」和「寬恕」、「赦免」是同一個字，這樣聽起來好像我犯了什麼罪，何況我也討厭被強迫接受傳統的賢妻良母形象。每次有人對我說這種話，我就會毫不客氣地回嗆對方：「為什麼要我老公同意？」、「你是安土桃山時代的人嗎？」讓他哭著回家找媽媽。

當聊到我出門旅行或用餐時，被問「和妳老公一起去嗎？」也會讓我有點火大。我向來都和女性朋友一起去旅行或吃飯，一旦這麼說明，別人就會對我露出「原來你們夫妻感情不好」的眼神，每次都覺得超煩。

有些夫妻喜歡同進同出，也有夫妻喜歡分開行動，相處模式各不相同，千萬不要對別人的相處方式多嘴。

多元化社會就是不多管閒事、不對別人的生活方式說三道四、不妨礙別人生活方式的社會，但在日本，「多數就是正確的」、「要盡量和大家一樣」的同儕壓力太強烈，導致無法接受女人結婚後不隨夫姓或是同性婚姻。

　　認為「多數就是正確的」而放棄思考的人，基本上就是無腦，根本沒辦法溝通。我每次說「我家選擇不生孩子」時，就會有無腦的傢伙問我：「那妳幹麼結婚？」我在專欄中提到「不知道老公的年收入是多少」，也會有酸民來嗆我：「管理家計是太太的工作，妳真是不合格的太太。」我都把這種留言當空氣，老娘才不需要酸民的認同。

　　遇到這種無腦的人，實在會想要用 Gretsch 爆打他一通，但面對這種無法用自己的腦袋思考的人，其實根本不需要聽他們說話，為這種人的言論影響心情太不划算了。

　　雖然有人因為被灌輸「結婚之後，夫妻就應該這樣那樣」的觀念，覺得「結婚好麻煩」，但夫妻相處的模式並沒有正確答案，只要摸索出雙方都感到舒服的模式就好，然後抱持著「少囉嗦，別管我們的事」、「我們想怎樣就怎樣」的精神，自由自在地過日子。如果有人想要妨礙你們的生活，敝人會（用 Gretsch）和你們一起收拾那些傢伙。

「妳交到男朋友了嗎？是受男友的影響嗎？」

「討男人喜歡教」的無腦信眾

「每當我穿得比較有女人味時，就會有人問我『最近交了男朋友嗎？』但我只是根據自己的心情穿想穿的衣服而已。」

「我聊到自己考了重機駕照，就被問『是受男友的影響嗎？』我明明沒有男朋友，也不想交。」

每次聽到年輕的女性朋友說起這種事，我就會忍不住翻白眼，沒想到都進入令和時代了，竟然還會有人這樣說話。在我二十多歲時，只要積極美容或是減肥，就會有人說：「看來妳是交到男朋友了？」甚至還有人會針對我的妝容或衣著吐槽「這種打扮男人不會喜歡啦，呵呵」。

為什麼這些人的腦袋不會想到女人是為了自己喜歡而打扮？因為他們認定女人的所有行動、所有選擇都不是「為了自己」，而是「為了男人」。當這種人把這樣的想法強加在女人身上，女人就會忍不住大翻白眼回嗆：「少自以為是啦！」

雖然確實有女人會為了男朋友或是吸引男人而有某些行為或選擇，這畢竟是個人自由，並不是壞事，但千萬別認定所有的女人都這樣，也不要把妄想和願望強加在女人身上——我又忍不住要把 Gretsch 拿來當凶器了。

　　提到「厚木牌褲襪事件」，聽起來很像是把褲襪當凶器的凶殺案，但其實是褲襪公司使用了多位插畫家畫的女性穿褲襪插圖來宣傳商品，被民眾認為具有「性暗示」而遭到抨擊，引起軒然大波，當時有一部分男人在推特上發文說：「如果不想讓男人覺得性感，就不要穿褲襪！」

　　不不不，我們是因為屁股覺得冷才會穿褲襪，你們不知道冬天下半身有多冷嗎？我通常會在褲襪外再穿襪子，然後穿上靴子，還要貼暖暖包，如果這些全部丟掉，我應該可以像悟空一樣飛上天。

　　也有些人聽到女人喜歡重機、科幻作品或是西洋音樂，就認定是「受到男人的影響」；聽到女人基於興趣而去料理教室學做菜，就會問：「是為相夫教子做準備嗎？」我二十多歲時在男友的推薦下看了喬治・秋山的漫畫，立刻一頭栽了進去，結果有人說「我就知道妳是受男人的影響」，害我忍不住露出《守財奴》的主角那副「小心我要你小命」的表情。我因為女

性朋友的推薦而迷上的作品更多，而且無論歷任男友再怎麼推薦，我仍然無法喜歡司馬遼太郎的小說。我的感性只屬於我，不要一廂情願地認為女人的感性會受男人左右。

人一旦累積壓力，似乎就會熱衷於發酵，我二十多歲時曾經自己動手做味噌，偶然在聚餐時聊到這件事，一個男人居然說：「妳是想要強調自己出得廳堂、入得廚房嗎？」我聽了差一點用味噌潑他回嗆：「要不要把你做成味噌田樂燒？」

這些男人期待女人「為了男人」、「受男人的影響」，是希望女人需要他們，所以聽到女人說「我根本不需要男人」，就會惱羞成怒。

有個女生曾在推特上發文表示「希望可以生活在一個沒有男人的地方」，結果馬上就有一堆男性酸民憤怒地用酸言酸語去留言洗版，氣沖沖地質問：「沒有男人的話體力活怎麼辦？」但她又不是要蓋巨大的佛像，何況現在蓋佛像也可以用機器，不久之後，更可以用 3D 列印完成。這些人希望女人沒有男人就活不下去，所以無法忍受女人變堅強、女人擁有自己的權利，也不想看到女人團結。偏偏越是這種厭女男，越希望獲得女性的肯定。

與此同時，我認為現在越來越多年輕女性「不需要男人的肯定」。在我二十多歲時，很多人都被戀愛至上主義和「討男

人喜歡教」洗腦。2000 年代，隨著名模蛯原友里爆紅，女性雜誌上經常出現「討男人喜歡」、「深受男性喜愛」、「被愛的女人」之類的用詞，但現在《CanCam》的發行量大幅減少，《JJ》實質上已經停刊了，「討男人喜歡」的熱潮宣告結束，如今也很少會看到「討男人喜歡的衣服」、「討男人喜歡的髮型」之類的字眼。

　　時下的年輕女性為了取悅自己，選擇自己喜歡的打扮和生活方式，已經擺脫了女人的價值就是被男人愛的價值觀。到這種時代還在問什麼「妳交了男朋友？」、「是受男友的影響？」這種蠢問題的人，完全就是仍然無法脫離「討男人喜歡教」的落伍傢伙。這種人缺乏想像力，無法瞭解「這個世界上有不同性向的人」，所有發言都是以「世界上的人都是異性戀者，而且都在尋求另一半」為前提。

　　有位女同志朋友每次被問：「妳有沒有男朋友？」就會在內心嘀咕：「我只有女朋友……。」另一位無性戀朋友每次聽到別人說：「正常來講，妳應該有男朋友啊。」就忍不住在心裡吐槽：「什麼叫正常來講？難道我哪裡不正常嗎？」

　　現在已經是令和時代，別再發表這種無視性少數族群的言論了。當我寫下這樣的意見，就會有人抱怨：「這也不行，那

也不行，什麼話都不能說了。」但我實在很想告訴他們，既然這樣就乾脆閉嘴，如果真的很想說話，就在說話前稍微動一下腦子。

看到女性朋友穿有「女人味」的衣服時，不要問「交男朋友了嗎？」這種蠢問題，可以改說「妳穿這種類型的衣服也很好看」；對考取重機駕照的女人，不要問什麼「是不是受男友的影響？」，可以改問：「妳為什麼想要去考重機駕照？」

那些抱怨「什麼話都不能說」的人只是腦袋停擺、不想思考而惱羞成怒罷了，所以不妨一臉認真地回答：「啊？為什麼？不是還有很多話題可以聊，也有很多不同的表達方式嗎？」

不過在面對身分地位比自己高的人時，很難毫不客氣地回嗆，這種情況下，也切記不要浪費自己親切的笑容。當別人問：「妳交到男朋友了？」要是笑著回答「我也很希望呢」，對方就可能提出「妳平時的言行舉止要更有女人味」之類的幹話建議；如果有人問：「是受男友的影響嗎？」面帶笑容地回答「可惜我並沒有男朋友」，對方又會說：「妳要不要培養一些更有女人味的愛好？」害我都要忍不住露出《HiGH&LOW 熱血街頭》中帶領山王聯合會的眼鏡蛇那樣冷酷的表情，雖然很想騎重機撞上去，可惜這裡並不是 SWORD 街區。

不是住在 SWORD 街區的女人，可以學「爲什麼底迪」，使用愛迪生回應法。

　　具體的方法就是露出像愛迪生幼年時的表情問對方：「爲什麼？我的衣服／愛好和男朋友有什麼關係？」如果對方仍然囉哩囉嗦，那就模仿諧星二人組三明治人回答：「我不知道你在說什麼。」也可以一臉嚴肅地表示：「我有說我想要交男朋友嗎？」

　　假使有人說「女人愛打扮都是為了男朋友」、「很多女人的愛好都是受男朋友影響」，那妳不妨一直重複「應該也有這種人吧」這句話。「應該也有這種人」的聊天機器人回應法可以運用在很多不同的場合，除此以外，嘆著氣回答「會說這種話的人還真不少呢……」也很有效。

　　我在年輕時浪費了很多親切的笑容，所以當年的不爽一直留在心裡。那時候才二十幾歲的我，不敢對比我年長的老男人坦率表達自己的意見，但我現在已經是中年阿姨了，根本不怕老男人，何況我還是自由業的流浪作家，處於想說什麼就說什麼的有毒狀態。

　　45 歲的敝人靠著「既然年輕女生不敢說，那就只能由老娘來說」的精神過日子。幾年前，和以前一起進公司的同事去喝

酒時，男同事叫年輕女店員：「眼鏡美眉，過來一下！」我盯著他的臉罵道：「如果對方是和你年紀差不多的男人，你會叫他『眼鏡底迪』嗎？不會這麼叫吧？不要因為對方是年輕女生，就擺出這種高人一等的態度。」

　　另一個男同事問年輕男生「你有女朋友嗎？」時，我也提醒他：「這是性騷擾，而且你根本不知道他的性向，不該問這種問題。」他卻板著臉說：「我哪管得了那麼多？」於是我立刻用愛迪生回應法回敬他：「為什麼？明明有人因為這樣的社會感到痛苦？還是你認為和你無關？」

　　中年之後，雖然我肉體的瞬間爆發力變差了，但語言的瞬間爆發力倒是有所提升，所以日子過得很輕鬆。之前我在超市的收銀台前排隊時，一個老頭子硬是插隊擠在我前面，我一時說不出話，這時旁邊一位六十多歲的老婦人用如雷般洪亮的聲音說：「她排在你前面‼」

　　「太帥了……（心動）。」我差一點愛上那位老婦人，真希望自己也可以成為像她那麼有氣勢的阿姨。所以我決定開始勤練發聲，以後說話才會更有魄力。

「妳是幸福肥嗎？」

<u>容貌歧視的幫凶</u>

　　有人會問剛結婚不久的人：「妳是幸福肥嗎？」我認為發問的人應該沒有惡意，但實在很想知道：他難道覺得只要加上「幸福」兩個字就 OK 了嗎？如果對方只是問：「妳最近胖了嗎？」還可以握緊 Gretsch 準備出手，但他要是帶著祝福的語氣笑著說：「恭喜妳結婚了！妳是幸福肥嗎？」就不方便用 Gretsch 痛揍他一頓了。

　　不久之前，我有機會和朋友詩織（她是助產師、護理師，也是性教育 YouTuber）聊天，儘管她已經公開了過去曾經因為攝食障礙痛苦不已，但在公布結婚的消息時，還是有很多人在 YouTube 頻道的留言欄中問她：「妳是不是幸福肥？」詩織在她的書《CHOICE 為自己的選擇而準備的「性」知識》中，有以下這段內容：

　　「我在寫書時，腦海中想著那些女孩，『我的這本書，要

寫下想告訴那些女孩的話』，她們就是我去年之前在精神科兒童青春期病房任職時遇見的女孩子。

青春期病房有各種不同背景的孩子，有的人因為與父母不和，無法住在家裡；有的因為遭到霸凌而拒絕上學；還有對自己的外表感到自卑而導致攝食障礙；甚至有人只能靠自戕行為克服強烈的厭世感，才勉強活下來。」

據說其中有很多女孩子都是因為攝食障礙而住院，有人明明已經陷入生命危險，卻拒絕注射點滴，甚至會拔掉點滴，結果只能把人綁在病床上。**當時還有個女生問她：「這瓶點滴的熱量是多少？」讓她深深覺得「容貌歧視會害死這些孩子」。**

我在前述的拙著中曾提到，我的母親死於厭食症。據說罹患攝食障礙的病患中，女性佔壓倒性多數，我認為很大的原因就在於「美麗決定了女人的價值」這個詛咒。

美國網飛平台的紀錄片《雕塑小姐：女性歧視和媒體的責任》（*Miss Representation*）中，講述了媒體如何強化容貌歧視這件事。**美國的 17 歲女生中，有 78%「不滿意自己的身材」，65% 曾經有過攝食障礙。**當看到一名少女說：「我妹妹因為外表的因素遭到霸凌，無法去學校上課，開始出現自戕行為。」接著又控訴：「這是媒體的責任，到底什麼時候才會有人挺身而出？」我忍

不住放聲大哭，哭得嘴唇都發紫。

　　我從高中女校進入男女同校的大學就讀時，也深受容貌歧視之苦。男生嘲笑我是胖子、恐龍妹，導致我陷入暴食和催吐。

　　在《雕塑小姐》中，有多位女星出面證實「曾有人對我說，想接工作就必須瘦下來，我也因此得了厭食症」，而日本的明星同樣深刻感受到減肥的壓力。

　　此外還有大量的「性感女主播 TOP 15」之類的報導，不關注女性的工作和發言的內容，而是將焦點集中在她們的外表，這一點日本也是一樣。《雕塑小姐》中，還出現了多位重量級男明星評論女人是胖子、恐龍妹的影像。「髒東西就必須徹底消毒～!!」我很想把這些人一起燒個精光，但也意識到他們能夠拍出這種紀錄片，就已經是一種進步。

　　至少在日本的電視上仍然經常見到嘲笑別人容貌的橋段，當有人批評「不要針對容貌搞笑」時，就會有人嘟噥「這種言論很快就會在網路上遭到抨擊」，我真想問問這種人，到底是誰會遭到抨擊？

　　有些人宣稱即使發表一些容貌歧視或是女性歧視的言論，「以前（就算用言語攻擊別人）根本不會有人生氣」，但那是因為遭到攻擊的人當時只能忍氣吞聲。

隨著即使抗議也不會當面被毆打的網路和社群媒體普及，遭到歧視的一方逐漸發出了反擊的聲音。雖然也有人主張「言論自由」，但是言論的自由並不是可以不受批判的權利。

那些因為不當行為遭到抨擊的人不能將錯就錯、強詞奪理地堅稱「我沒有錯！」，而是應該思考自己為什麼會被抨擊，同時好好學習什麼是歧視，如果不這麼做，就會一直發表歧視的言論。

而且政治人物和藝人這些有社會影響力的人，更應該明確表態「無法容忍容貌歧視和女性歧視」。不應該對抨擊的意見充耳不聞，抱怨「這樣也要被抨擊，簡直什麼話都沒辦法說了」──噗嗷嗷!! 我太常吹大法螺，導致肺活力都變強了。

前面〈以貌取人的膚淺人士〉那一節（第 32 頁）中曾提到，在瑞典，「不談論別人的外表」是連小孩子都知道的常識，別說批評別人的長相，就連讚美也是禁忌。我以前以為稱讚別人的長相沒問題，還曾經當面誇對方：「妳好漂亮，呵呵呵。」如今則反省了過去的行為，還把「不談論別人的外表」這句話刻在熟女禁忌手冊上。

稱讚的話也可能成為攝食障礙的導火線。聽說有人在瘦下來後，聽到別人稱讚「妳變漂亮了」，居然就開始進一步用極端的方式減肥。「我懂！」猛拍大腿表示理解的我，人生一路

走來，一直都希望自己可以變瘦。

從小就是胖妹、15 歲就被叫胖子的我，向來很羨慕身材苗條的人，但其實瘦子也有瘦子的煩惱。

我有一個朋友超級瘦，她告訴我：「別人每次說：『妳好瘦！真的有吃飯嗎？』我都會很受傷。我是因為胃不好，所以沒辦法吃很多，他們對我說『妳要多吃點』，也會讓我很痛苦。」她因為臀部脂肪過少，坐硬的椅子時尾椎骨都會痛，而我從小到大都不曾意識到尾椎骨的存在，雖然無法體會瘦子的苦惱，卻能夠想像。

這個世界上有各式各樣的人，每個人都有不同的處境和煩惱。所謂多元化社會，就是人人都能夠發揮想像力，建立一個相互體諒的社會。是要持續抱怨越來越不自由，還是努力讓自己的想法升級？我選擇後者，所以會和朋友一起反省以前曾經犯過的錯誤。

同輩的女性朋友反省說：「我曾經對一個剛進公司就認識的男性後輩說『你變成老男人了呢』，我覺得他看起來很福態，想用這種方式表達讚賞，但原來這是不對的。」不可以對女人說的話，也同樣不可以對男人說。雖然我這麼講，但其實我在年輕時，遇到同期進公司的男同事，也會拍拍他的肚子說：「你

越來越有分量了！」——即使對相撲選手也不能做出這種事。

　　無論性別，很多人都曾受到容貌歧視的傷害，也有人曾經是容貌歧視的幫凶。我身為其中之一，希望可以打造一個沒有容貌歧視的社會，為此就必須建立「即使對別人的外表有某些想法，但說出來就是不禮貌」的常識。

　　如果有人問我：「妳是幸福肥嗎？」我會怎麼回答呢？**首先當然必須看和對方之間是什麼交情，如果希望對方可以瞭解我，我就會明確告訴他：「不瞞你說，每次別人提到我的身材，我就會很受傷。」除此以外，要是能夠提醒他「以後最好不要再談論別人的外表，因為會有人因此受傷」，那就更理想。**

　　曾經有人問我：「假如有人沒意識到自己的言論是容貌歧視，要怎麼提醒對方？」比方說，她看到女諧星自嘲「我很醜，又沒男人緣」當作搞笑哏，對丈夫說：「這種搞笑一點都不好笑。」結果丈夫笑著對她說：「妳很可愛，所以不必擔心！」她立刻覺得「不對，這不是重點」。但遇到這種情況，即使戴上墨鏡熱情高歌，藉此表達自己的想法，對方也會很錯愕：「我明明在稱讚妳，妳幹麼這麼激動？」為了讓對方充分理解這不是自己可不可愛的問題，而是關於容貌歧視的社會問題，也許可以推薦他看看《雕塑小姐》這部紀錄片。

如果推薦對方看我這本書，身為作者，當然更高興。有位朋友（她有一個念中學的女兒和一個念小學的兒子）看了我專欄的文章後，在家裡訂了一條規矩，只要有人在家中談到有關容貌的事，其他人就會高喊：「瑞典、瑞典！」我的人生很坎坷，真希望可以成為他們家的孩子。

　　我從小就被母親批評「妳胖成這樣，真是丟人現眼」，在我身上找不到絲毫自我肯定感，很多人就是因為受到父母影響而產生容貌歧視。

　　「醜八怪」、「死胖子」這些罵人的話會擊垮別人的自我肯定感，同時還有很多話和「妳是幸福肥嗎？」一樣，即使說的人沒有惡意，也會讓聽的人很不爽。我和朋友聊起讀大學時曾經因為外表遭到嘲笑，對方說「但妳現在很漂亮喔」、「那就把自己變漂亮爭一口氣，讓他們閉嘴」，我於是告訴她：「這不是重點！」

　　雖然有人會建議「把自己變漂亮爭一口氣，讓那些人閉嘴」，但這就像對遭到霸凌的人說「要好好努力，避免被霸凌」一樣，無論怎麼想，明明都是霸凌者有問題，所以必須改變的，其實是那些用容貌歧視他人的人，以及容忍、助長這種風氣的社會。

　　我很想對那個問出「這瓶點滴的熱量是多少？」的少女，

以及控訴「到底什麼時候才會有人挺身而出？」的少女說，這是媒體的責任，是我們大人的責任，我會持續吹響大法螺，努力改變這個社會，請拭目以待。

「我對○○可沒有偏見」

無意識中踩雷的歧視主義者

「我對同性戀沒有偏見，反而很想和男同志當朋友。」

幾年前聽到一位女性朋友說出這句話時，我實在感到很不爽。許多女性很嚮往《慾望城市》中凱莉和史丹佛之間的關係，我能夠理解這種心情，也相信會有很多人納悶「這算是令人不爽的刺心話嗎？」，所以在這邊就來說明一下，為什麼我聽了之後會不爽。

首先，如果當事人聽到有人說「想和男同志當朋友」，都會覺得他不是因為「自己這個人」，而是因為「男同志這個身分」才想和自己當朋友，多少會覺得對方「沒有把自己視為一個活生生的人，而是當作對她有利的角色，同時還把刻板印象強加在自己身上」。

何況「我對同性戀沒有偏見」這句話，本身就隱藏了無意識的偏見和歧視。

　　一位曾經住在德國的女性朋友說：「在德國幾乎不會意識到女性歧視，從這個角度來說，的確是理想的生活環境，但我卻經常感受到種族歧視。」例如曾經有德國人親切地對她說：「我對亞洲人沒有偏見，很想和妳交朋友呢！」

　　說的人沒有惡意，也會認為自己完全沒有歧視，聽的人卻會感受到「妳和我不一樣，原本是受到歧視的少數族群，但我願意接受妳」這種多數族群的高高在上和傲慢。**自稱「沒有偏見」的人，反而可能對無意識的偏見和歧視很遲鈍。**

　　此外，「我向來不會歧視女性，反而覺得女性很優秀，讓男人甘拜下風！」也有些男人會這樣過度抬舉女性，意味著他並沒有把眼前的女人當成和自己對等的人。

　　前面提到的那位朋友住在德國時，「和德國人丈夫去餐廳」以及「和日本朋友去餐廳」時，店員的態度完全不一樣。她向丈夫提起這件事，他卻說「是妳太多心了」、「妳太敏感了」。其實能夠不在意這種事、在這方面很遲鈍，就是一種特權，人往往無法意識到自己享受的特權。

　　雖然我現在這麼說，其實以前也無知又遲鈍，每次回想起過去，就很想用 Gretsch 打爆自己的頭。

　　比方說，我在二十多歲時，曾經滿不在乎地問公司的年輕女同事：「妳有男朋友嗎？」、「妳喜歡怎樣的男生？」當時

我沒有意識到這個世界上有各種不同性向的人，以為所有人都是異性戀者、都在渴求戀愛，完全忽略了性少數族群的存在。

雖然我反省了過去的行為，但也許現在仍然在不知不覺中踩到了別人的地雷。為了避免這種情況，我想把以下的內容牢記在心，也可以當抄經奉獻給寺院。

在太田啟子女士的著作《獻給下個世代的男生》的對談中，小學老師星野俊樹先生分享了這麼一件事：

「我來介紹一個簡單有趣的遊戲，可以親身體會什麼是特權和壓迫。首先在學校教室內，把一個大紙箱放在黑板前，發給每個學生一張紙，要求他們在紙上寫下姓名，然後揉成一團，從自己的座位把紙團丟進紙箱內。結果坐在前排的學生可以輕鬆把紙團丟進紙箱，後排的學生卻沒辦法輕易地丟進去。過沒多久，就有學生覺得這種遊戲沒有意義而放棄丟紙團。

在遊戲的最後問問學生，他們認為從座位到黑板之間的距離所代表的意義，接著向他們說明，坐在前排的學生代表『性別認同與性別表現和出生時的性別相同』的順性別異性戀男性，以及在經濟條件良好的家庭中出生等擁有特權的人，坐在越後排就代表越沒有這些待遇。當我這麼解釋後，大部分學生都能夠憑直覺理解。在美國，這種實踐稱為『社會正義教育（Social

Justice Education）』，不僅被深入研究，也會在校園實行。」

看了這段內容後，我忍不住想「我要不要以後也隨身帶紙箱出門」。我很希望日本的學校也可以使用這種方法，讓學生意識到自己所享受的特權。

「想要改變這個遊戲所代表的不公平結構，必須由把持特權且意識到自己把持了特權的人採取行動。坐在教室前排的人如果只看前方，就不會發現自己享受著優厚的待遇，要是轉頭看向後方，發現了自己的特權立場卻沒有採取任何行動，仍然逕自享受著特權，就成為這個不公平結構繼續擴大的幫凶。」

這段話讓我不禁想要猛拍大腿表示贊同。**坐在最前排卻從來沒有回頭看的人，看不到弱勢族群和少數族群的存在，所以才會主張「是他們自己不夠努力」、「每個人都要為自己負責」，不想改變社會的結構。**

比方說，東京大學的學生家長中有一半以上的年收入超過950 萬圓，父母的經濟差距會造成兒女的教育差距，有些人處於即使想努力也無法如願的生活環境，有些人甚至無法升學，也有孩子沒錢去補習或是學才藝，還必須打工貼補家用。日本每七個孩子中就有一個處於貧窮狀態，在先進國家中墊底。不正視這些現實，說什麼「每個人都要為自己負責」的人，我真想用 Gretsch 挖個洞把他們埋了。

同時我們必須瞭解一件事，**像日本這種同質性很高的社會，由於多數族群在日常生活中並沒有意識到本身是多數族群，所以很難發現自己「高人一等」。**

　　我的朋友久山葉子女士在前述的書中提到，瑞典從托兒所開始就會教導孩子「即使有不同的性別、民族、宗教、性向和身心障礙，所有人也都具有相同的價值」。瑞典是各種不同背景的人共同生活的多元社會，從小就會徹底實踐人權教育，訓練孩子不使用帶著偏見的濾鏡看待眼前的對象。

　　「（在我女兒就讀的托兒所）老師會讓小朋友看男同性伴侶和嬰兒的照片，並詢問他們看了照片後有什麼感想，讓小朋友充分發表意見。在他們天真無邪的回答中，完全感受不到對同性伴侶的偏見。」

　　真希望自己也可以投胎在瑞典，但我很怕冷，擔心無法熬過北歐的冬天。如果我在白夜冷倒在路旁，不知道會不會有像《凡爾賽玫瑰》的菲爾遜伯爵，或《有閒俱樂部》中瑞典大使之子美童格蘭瑪尼亞那樣的貴公子來救我。

　　我是 1976 年出生在溫暖的日本近畿地區，沒什麼機會接受像樣的人權教育和性別教育，還接收了一堆來自電視和媒體的偏見和歧視。當諧星隧道二人組的節目中，利用諧音來揶揄男

同性戀者的角色「保毛尾田保毛男」大為流行時，身為中學生的我還模仿了「搞笑人妖」逗同學笑，因為當時我還是一個無知的孩子。

那時的我缺乏足夠的知識，無法想像「在我們班上，可能有人正在為自己的性向煩惱」，所以在無意識的情況下站在歧視的一方，我為此深刻反省。

人可以從反省過去犯下的錯誤中學習。要是聽到耶穌說：「你們中間誰是沒有罪的，就可以拿石頭丟她。」我一定會跪在石板上磕頭大喊：「對不起 !!」

這個世界上應該沒有任何人從來沒犯過錯，如果只有不曾犯錯的人可以討論性別歧視和女性主義，那所有人都不能開口了。**承認自己的錯誤並加以反省，同時傾聽別人的意見，這種真誠學習的態度很重要。**

反觀有些人的歧視言論引起軒然大波、遭到抨擊時，反而將錯就錯地堅持自己沒有錯，然後裝出一副被害人的嘴臉聲稱：「這樣窮追猛打根本是霸凌！」因為他們沒有思考過自己為什麼會被批評，所以才一而再、再而三地說出相同的話。也有人在道歉時會說什麼「我沒有歧視的意圖，如果引起社會大眾的誤會叭啦叭啦」，我實在很想對這些人說，比起出面道歉，更應該去好好讀點書。因為這些人從來沒有認真學習有關歧視的

議題，才會一錯再錯。

　　雖然我已經是眼花花、視茫茫的中年婦女，仍然埋頭苦讀，充實自己。如果有誰知道哪一款眼藥水有助於改善眼花，歡迎分享。

　　假使有人發表「LGBT 沒有生產性」、「（如果同性戀越來越多）足立區會毀滅」這種明顯帶有歧視的言論，不妨跟他正面對決，破口大罵把他罵得狗血淋頭、用 Gretsch 引水沖他的臉、把他痛揍一頓打得回家找媽媽，有各式各樣的應對方法。

　　但通常遇到的情況是，關係不錯的朋友卻說出一些遊走在歧視邊緣的話，讓人感到不爽，內心很痛苦。我們必須瞭解到，會感到不爽代表自己已經升級進化，敏感地察覺到歧視問題，也就可以避免在無意識中傷害他人。

　　說「我對同性戀沒有偏見」的那位女性朋友是我很重要的朋友，所以我決定向她好好說明。

　　「我以前也覺得保毛尾田保毛男很好笑，所以沒資格說別人，但還是對妳之前的發言耿耿於懷。」

　　「如果有人對妳說『我對亞洲人沒有偏見，想和妳交朋友』，妳會怎麼想？是我的話，就會從這句話中感受到無意識的歧視和多數族群的傲慢。」

當我用這種方式向那位女性朋友說明後，她深深地點頭表示：「妳說的很有道理，我從來沒有遇過同性戀者，所以可能無法瞭解當事人的心情和痛苦。」

我告訴她：「也許妳已經遇過了呢。」她立刻說：「啊，有可能，畢竟很多人並沒有出櫃。我缺乏這方面的想像力，所以完全沒發現，謝謝妳提醒我。」

她願意傾聽別人意見的真摯態度，讓我們可以彼此溝通，如果是那種不聽別人意見、只會用幹話狡辯的人，基本上我們根本不可能成為朋友。要是對方高高在上地說什麼：「那妳就好好說清楚，看能不能說服我。」我會對她說：「有興趣的話就自己上網查！」

不久之前，「月經貧窮」的報導引起了廣泛討論。在進行問卷調查後發現，有 20% 的女學生因為經濟因素無法購得足夠的生理用品，更有 6% 的女學生買不起生理用品。

酸民往往會酸溜溜地說「沒錢買衛生棉，倒有錢買智慧型手機」，面對這些試圖藉由批評弱勢族群獲得優越感的人，我很希望可以像雷神索爾一樣用我的 Gretsch 打雷劈死他們。

然而，也有人會盡力幫助這些遇到困難的人。

「雖然我並非無所不能，卻可以盡力而為。」我很喜歡這

句話，也想做到自己力所能及的事，努力意識到自己享受的特權，希望這個社會盡量變得更好。為此，我想把前述遊戲中更容易激發大家想像力的紙箱隨時帶在身上。

第 **2** 章

成事不足、敗事有餘的「幹話」建議

「只要生了孩子，
工作的路也許會更寬廣」

盲從「育兒教」的信徒

　　「只要生了孩子，工作的路也許會更寬廣。」這等於在說「沒有生過孩子的女人，工作的路很狹窄」，從各方面來看，都是一句很失禮的話，簡直罪無可赦。問題是說話的人往往並沒有惡意，甚至自認為是好心提出建議。

　　別人也曾好幾次對我說：「妳生了孩子之後，就可以拓展寫作的範圍。」我每次都覺得這根本是外行人的狗屁餿主意，阿貓阿狗都在寫育兒部落格了，更何況以現實來說，從自主選擇不生育的立場寫文章更符合市場需求。

　　我的好幾位當漫畫家或演員的女性朋友，都曾經遇到有人對她們瞎提議：「生孩子可以讓妳的作品更豐富。」**我很想問問那些自以為是地認為沒有戀愛、結婚、生育和性愛，就無法創作出優秀作品的人：「你會對宮澤賢治說這句話嗎？」**如果是漫畫家，就可以反問：「你會對萩尾望都老師或大島弓子老

師說這種話嗎？」不妨列舉妳們各自行業中的大人物反問說這種話的人。

一位當婦產科醫生的女性朋友被人在背後中傷，說：「她自己根本沒生過孩子，怎麼可能照顧得好產婦？」沒有人會對動癌症手術的醫生說：「你沒有得過癌症，怎麼可能治得好？」那為什麼會對曾經幫數萬人接生、具有醫學專業知識的專家說這種話？正是因為那些人受到了「女人只有生過孩子，才算是真正的女人」、「生過孩子的女人比沒生孩子的更了不起」這種價值觀的影響。

我有幾個當媽媽的朋友嘆氣說：「有些人用這種方式貶低別人，真的是媽媽界的敗類。」也就是說，並非所有媽媽都同意這種說法，而是個人的問題。會說這種話的人，應該要意識到自己的觀念太久沒有升級了。

戀愛、結婚和生孩子是個人自由，他人無權干涉。每個人的處境、生活方式和性向各有不同，也有很多人不願意和別人討論這些事，但至今卻仍然有不少人強迫別人接受「女人就該生孩子」、「生兒育女才是女人的幸福」之類的觀念。

除了「只要生了孩子，工作的路也許會更寬廣」，還常有

人對我說「妳為什麼不生孩子？」、「現在不生，以後會後悔」、「希望妳也能瞭解育兒的喜悅」之類，遇到這種到處宣傳育兒教的人，我都會直接回答：「我不想生。」

我曾經在前述的拙著中提到，我是自主選擇不生育，又在 40 歲時為了根治子宮肌瘤，摘除了子宮，所以我可以用明菜回應法回敬對方：「我因為生病的關係切除了子宮……（低頭加小聲說話）。」如此一來，對方或許會反省「不應該隨便提起小孩子的話題」、「我剛才說的話太傷人了」。也可以問對方：「啊，你要不要看看我切除的子宮照片？」用血腥照片回應法讓對方嚇破膽──但我沒有這麼做就是了。**我之所以表明「我是自主選擇不生育」，是因為認為「批評別人不生孩子的人才有問題」。**

當我表明自己是自主選擇不生育，就會有人批評我「有些人想生卻生不出來，妳反而不生」。那些批評「有人想生卻生不出來，妳可以生卻不生，未免太奇怪」的人，認為「女人生孩子才正常，不生孩子並不正常」，這種價值觀才造成了想生卻無法生孩子的女人莫大的痛苦。

曾經有無法如願得子的讀者寫信跟我說：「看到你們夫妻沒有孩子也過得很幸福，帶給我很大的鼓勵。」正因為我瞭解自主選擇不生育的人有機會幫助到他人，所以才想明確表明自

己的立場。

　　出於這個原因，我一直以來都回答：「因為我不想生。」這種簡單的回應方式會讓對方覺得「既然她不想，那也無可奈何」。如果回答：「因為我覺得帶孩子很辛苦」、「因為我可能沒辦法勝任」或是「我沒有自信可以當一個好媽媽」，對方就會說出「別擔心！船到橋頭自然直」、「大家在生孩子之前都會感到不安」這類鼓勵的話，所以乾脆回答「我不是不安，而是根本不想生」更加簡單明瞭。

　　這就好像有人說「雖然養貓很辛苦，責任也很重大，但只要養了之後，很多問題都會迎刃而解」時，直接回答「我根本不想養」一樣。對根本不想養貓的人說什麼「你養了之後一定會覺得很可愛」、「你不養會後悔」，簡直太莫名其妙了，這才是真正的不負責任。

　　雖然也有人會說「我原本也不想生孩子，但生了之後，很慶幸當初做了這樣的決定，妳只要生了就會知道了」，但這只是個人感想，未必能夠套用在別人身上。我和老公都不想要孩子，所以選擇了不生孩子的人生，這是我們的選擇，既無意向他人推薦，也不會強迫別人接受。

　　多元化社會就是不妨礙別人的生活方式、不多管閒事、不

對別人的生活方式說三道四。我以實現多元化社會為目標，對不生孩子這件事也完全沒有罪惡感，我認為讓女人對這種事產生罪惡感的社會才有問題。

也有些人會用「多數就是正確的」、「要盡量和大家一樣」的同儕壓力逼迫別人就範。面對這種宣傳育兒教的勢力時，該用什麼方法對抗？

如果對方說「只要生了孩子，工作的路也許會更寬廣」時，**建議採用前面所說的大人物回應法：「你也會對某某老師說這種話嗎？」**言下之意，就是對方的言論否定了某某大人物。除此以外，**問對方：「你的意思是我目前工作的路很窄嗎？窄在哪裡？說來聽聽。」**這樣的反問回應法也很有效。

而且反問回應法很方便，可以運用在各種不同的場合。比方我是自主選擇不生育，卻曾經有人當面對我說：「就是因為有妳這種女人，少子化問題才會越來越嚴重。」遇到這種情況，我就會反問：「所以你生孩子是為了國家嗎？」或是「既然這樣，那你要不要生 10 個？」如果對方駁斥，就露出普丁臉告訴他：「是啊，每個人的處境不同，我也有自己的考量。」

不然也可以問對方：「科學家認為，由於人口爆炸，導致地球的環境破壞日益嚴重，數百年後人類就會滅亡，請問你對

這件事有什麼看法？」因為對方從來沒想過這件事，所以只能乖乖閉嘴。

也可以借用《北斗之拳》的手法點對方的穴，一邊說：「為了爭奪所剩不多的資源，在暴力支配的世界，出現了暗殺拳法……‼」要是有人反問：「什麼人口爆炸？什麼環境破壞？」就不假辭色地撂下一句：「有興趣就自己上網查！」對那些擺出高姿態、說什麼「那妳就好好說清楚，看能不能說服我」的人，根本沒必要浪費時間。

然而有些時候我們的確很難用強勢的態度回應。不少女性朋友告訴我「雖然看到朋友和親戚的小孩覺得很可愛，但遇到有人說『看到小嬰兒這麼可愛，妳是不是也想生？接下來就輪到妳了，妳先抱一抱，多練習一下』，我就會很火大」，「但又不好意思發火，只能笑一笑敷衍過去」。

如果一笑置之，對方很可能會得寸進尺地說出「想生就要早點生，妳有沒有去參加聯誼？」、「要不要我借妳懷孕相關的書？」這些讓人煩躁指數飆高的話。

這種時候不妨說：「我喜歡的偶像就像是我的孩子！」大談特談偶像的事，或是改變話題開始聊寵物：「這是我家的貓剛出生時的照片！」也可以聊聊 BL 的話題，問對方：「說到生

孩子，你知不知道什麼是 ABO 世界觀？」

那麼**對方就會知道「這個人對生孩子沒有一丁點興趣」**。

「女人必須生孩子」的想法變成了枷鎖，使得很多女性為此深受折磨，而且這種想法也會進一步成為「育兒是女人的工作」、「母親必須為孩子犧牲」的枷鎖。

我摘除子宮後，身體很健康，幸福度跟著竄升，但聽說也有一些女人因為「一旦摘除子宮就不再是女人」的枷鎖而三番兩次拒絕手術，導致症狀惡化。「女人要懷孕生子才有價值」的枷鎖，就是造成這種情況的根本原因。

我想要斬斷這些造成女人痛苦的枷鎖，希望打造一個想生孩子就可以盡情地生、不想生孩子也不會遭到指責的社會。 這是我的心願，所以我會持續表明「我是自主選擇不生育」，遇到推娃娃車的媽媽時，也會率先主動禮讓。

「能夠原諒老公逢場作戲才是好女人」

渴求關愛的寂寞芳心

　　「能夠原諒老公逢場作戲才是好女人」，這個世界上還真是充斥著對男人有利的話。

　　當歌舞伎演員或自民黨的前議員外遇被發現，他們的太太對著媒體說「我不會和他離婚」、「我們夫妻會一起反省，然後重新出發」時，媒體都會大肆稱讚她們是「全天下妻子的楷模」、「神回覆」等等。每次看到這種畫面，我就會忍不住露出《JoJo 的奇妙冒險》中史比特瓦根的表情大叫：「父權社會的味道也太濃烈了 !!」

　　如果是妻子出軌，就不會有人說「能夠原諒太太偷吃的才是好男人」，反而會說「這個男人也太沒出息了」。「逢場作戲是男人的本事」、「拈花惹草才會更有長進」這些話，也都只會用在男人身上。

　　男人外遇可以原諒，女人外遇卻不可饒恕。性別差距指數位居全世界第 120 名的鬼島日本，從明治時代開始就沒有改變，

依舊是只對男性友善的國家。

　　明治時代的通姦罪只會處罰偷人的妻子（和通姦的對象），丈夫在外偷腥並不犯法。戰後，日本《憲法》第 14 條規定男女必須平等，通姦罪也因為違反這項條文而廢止。然而，即使法律改變、家戶長制度廢止，這個國家的男女仍然不平等。那些反對夫妻可以選擇不同姓的政治人物心裡一定覺得「女人就該乖乖從夫姓」，他們八成很想讓時光倒退回明治時代。

　　「女人就該生孩子，好好在家相夫教子，只要讓她們當免費勞工，剝奪經濟能力，她們就不會有那麼多意見，即使丈夫在外面有女人或是對她們拳打腳踢也只能忍氣吞聲，父權社會實在太棒了！」當這些政治人物不小心吐露出這樣的真心話，就會馬上又開始辯解：「很抱歉我的表達方式引起了誤會叭啦叭啦。」

　　如果聽到像自民黨那些老頭子一樣的人說「老公在外面拈花惹草就睜一隻眼、閉一隻眼吧！哇哈哈」，我可能會失手打死這個人，但是打死人要坐牢，所以只好改用單手捏爆核桃回應：「想得美，我會捏爆老公的蛋蛋！」讓對方心生畏懼。

　　我個人認為，「外遇是夫妻之間的問題，外人無權置喙」。每次聽到名嘴在談話性節目中說什麼「孩子最可憐」時，我都

忍不住想「那你們就別在電視上談論這種話題啊」。

　　近來當有名人外遇時，無論男女都會遭到抨擊，但面對太太外遇，從來沒有人會批評丈夫「是不是冷落了太太？」，反而經常可以看到丈夫外遇卻批評太太的情況。每次聽到這樣的批評，我就很想聲嘶力竭地大吼：「不要把丈夫外遇怪罪到太太頭上！！」

　　丈夫在妻子懷孕期間或是分娩後偷腥的事也不勝枚舉，每次看到他們把責任推卸到太太頭上、說什麼「因為她都不理我」、「她生孩子之後就變了」，我就覺得嘴裡快生出海蛞蝓了，真希望他們下輩子都變成沒有性別的海蛞蝓。

　　在和《男人變成色狼的理由》[4]的作者齊藤章佳女士對談時，我們曾經討論到以下的內容。

齊藤：我曾多次親眼見識到某些場面，那簡直就是「這個社會對男人的性慾很寬容」的縮影。在某起色狼案的審判中，被告的妻子以情狀證人[5]的身分出庭，被檢察官問到事件發生當時他們夫妻的性生活。

---

4. 編按：齊藤章佳，《男が痴漢になる理由》，Eastpress，2017 年。繁體中文版為許郁文譯，《痴漢心理學》，墨刻，2021 年。

5. 譯註：針對被告的實際生活情況等作證的證人，以期減輕被告的刑罰。

因為這和事件並沒有什麼關聯，我以為法官和律師會制止，沒想到沒有任何人出面制止，結果被告的妻子只能乖乖回答：「我們並沒有性生活。」

阿爾：所以那些人認為「男人有無法控制的性慾，女人必須滿足男人」吧。

齊藤：我認為這個提問隱含了「是不是因為妻子沒有接納丈夫的性慾，才導致他淪為色狼」的扭曲認識。

我想發問的檢察官自己並沒有意識到當中的問題，但這種假設毫無根據，如果無性生活會引起性犯罪，那麼目前的日本到處都會發生性犯罪。

在審理性犯罪的法庭上，出現了暗示「女人必須滿足男人性慾」的提問，這種對男人無限寬容的社會令人作嘔。以前的日本女人稱和丈夫做愛是「上工」，一旦結婚，就必須同時扮演傭人、幼稚園老師、護理師、看護和娼妓這五大角色──即便《玻璃假面》的北島麻雅也會說「我做不到」吧。

我的一位女性朋友在生孩子後發現丈夫外遇，還把性病傳染給她。我認為應該剁掉她老公的雞雞，再把他的蛋蛋切碎才說得過去，沒想到她將這件事告訴自己的母親後，反而遭到責怪「沒有滿足丈夫」，還被教訓說：「男人就是會拈花惹草的

動物，這是無可奈何的事。」

她母親說的這些話很過分，讓女兒受到好幾度的傷害。但一想到她母親是家庭主婦，如果不這麼想，或許無法生存下去……就沒辦法嚴厲指責她。

在我讀小學的時候，《第三年的外遇》這首歌很紅，日本年輕人只要向身邊的中年人點歌，他們一定會喜孜孜地引吭高歌。歌詞中那句「如果妳喜歡的是沒人愛的男人，那我也要重新考慮一下了～♪」，即使當時我還是小孩子，也不禁火大地覺得「這傢伙在說什麼鬼話」。有的太太發現老公外遇，還會自我安慰「至少比完全沒人愛好一點」，更讓我越聽火氣越大。

「為什麼老公有人愛比較好？有沒有別人喜歡自己的老公根本不重要吧？為什麼需要別人的評價？別人眼中迷人的老公、讓別人羨慕的老公比較好嗎？即使這樣的老公會劈腿外遇、讓自己受傷害也無所謂嗎？為什麼？為什麼？」

雖然我很想用愛迪生的「為什麼底迪回應法」發問，但這樣就會變成在別人的傷口上撒鹽。

也許這些太太被灌輸了「任男人擺布的女人＝好女人」的觀念，不想承認自己受了傷，所以假裝無所謂，但我認為不應該再贊同這種「即使發現丈夫外遇，妻子仍然老神在在」的態度，因為這樣只會爽到那些主張「老公在外面拈花惹草就睜一

隻眼、閉一隻眼吧！哇哈哈」的老男人。

　　如果這種哇哈哈老男人是自己的上司，那就真的是宇宙無敵大麻煩了。因為立場的關係，不能當場把他打死，手邊也不可能隨時都有核桃。

　　「超哈哈哈！paternalism 哈哈哈，好好笑，哈哈哈！」如果用這種方式回應，對方雖然不知道妳在笑什麼，但或許會跟著興沖沖，只是如果他繼續追問「那個詞是什麼意思？像抖音一樣嗎？」之類的問題就很傷腦筋了。順便說明一下，我對抖音並不熟。

　　想要教訓哇哈哈老男人時，不妨使用問題回應法，用「為什麼？」、「什麼意思？」向他發問。如果對方說出「因為男人是用下半身思考啊，嘿嘿嘿」之類性騷擾的答案，就可以向法遵部門投訴。

　　假使面帶笑容地同意這種麻煩人物的言論，對方就會糾纏不清，所以**建議一臉正色地像聊天機器人般回答：「原來你這麼想。」**遇到有人說「男人就是會外遇的動物」、「總比老公沒人愛來得好」時，也可以用這種方法回應。

　　此外還可以低著頭小聲說「我媽和我都因為我爸外遇受到很大傷害……」，使用這種明茶回應法，讓對方知道外遇話題

是妳的地雷也不失為妙計。

　　事實上，的確有很多孩子因為大人外遇而受傷。我經常聽到有人說「我們小孩子也老是被捲入父母的紛爭，家裡根本不是安心的避風港」、「我媽整天在我面前抱怨我爸外遇的事，把我當成心理醫生」、「因為我爸習慣性外遇，所以我無法相信男人」、「我對婚姻只有負面印象」……。

　　曾經有個中學讀者寫了一封懇切的信跟我說：「我不小心發現爸爸外遇，要是被媽媽知道，我們的家庭一定會破碎，所以我不敢告訴任何人，一個人承受這個祕密很痛苦。」大人千萬不要忘記，遇到這種事，最受影響的往往是家裡最脆弱的人。

　　我實在很想問問那些男人，想到因為父親外遇而深受傷害的孩子，你們還敢說：「老公在外面拈花惹草就睜一隻眼、閉一隻眼」嗎？可惜他們一定照說不誤。

　　遇到這種哇哈哈老男人時，我就很想模仿《天空之城》中主角毀滅拉普達時唸的咒語，喊著：「父權社會，巴魯斯！！」然後一屁股把眼鏡坐碎。即使是以耐重和耐久聞名的葉月眼鏡式放大鏡，只要老娘來真的，一定可以坐碎！

「換成是我，就會一笑置之」

變身女王蜂的職場女強人

遇到職場的後輩來商量有關性騷擾和性別歧視的問題時，有些女人會說「換成是我，就會一笑置之」或是「需要這樣大驚小怪嗎？」，這種類型的女人經常會為加害男性開脫，說什麼「對方也沒有惡意」，於是找她商量的後輩就會對「明明是同性，卻不幫我說話」感到絕望，覺得「即使求助也沒有用」，因而越來越孤立。

為什麼這些女人會說出這種話，就像要堵住被害女性的嘴？為什麼她們不站在弱勢女性的一方，卻和強勢的男人站在一起？因為這樣對她更有利，可以讓她在男性社會獲得更多利益。

比方說，當男性主管發表男尊女卑的言論時，點頭表示同意，她就可以博取對方的認同，被認為「很好溝通」、被當作自己人。相反地，如果提醒主管「不可以說這種話」，就可能遭到排擠和報復。

要迎合男尊女卑，還是挺身反抗？面臨這種選擇時，有些

女人會大言不慚地說：「當然是迎合，當一個聽話的女人對自己更有利。」我很想問問這些女人：「只要對自己有利，就不顧別人死活嗎？」何況我也不想選擇踩在弱者身上獲得成功的生存方式。與其做這種事，我情願一輩子遭到冷落，坐在辦公室角落的座位耍廢滑手機。

然而，為了在男性社會生存而不得不這麼做的女人，其實也是受害者。

有一個職場心理學名詞叫作「**女王蜂症候群**」，是指在男性社會中獲得成功的女人欺壓職場上其他女性的情況。女王蜂會認為「我在男性社會爬到這個位子可是吃了不少苦，妳們也應該嘗嘗這些苦頭」，所以當下屬反映遭到性騷擾或是性別歧視時，她反而會批評對方「我年輕時遇到的情況更嚴重」、「現在的年輕人都沒辦法受一丁點委屈」，導致被害人不敢發聲，淪為姑息縱容、性別歧視的幫凶。因為這些女王蜂已經在男性社會獲得了地位，所以不想改變這樣的體制，一旦否定這種體制，就等於否定了自己的成功。

儘管這些女王蜂罪無可赦，但或許她們自己內心也有創傷，明明對那些貶低自己的男人充滿憤怒，卻將那股怒氣發洩在女性下屬身上，就像學校社團裡，也經常會用學長姊嚴格訓練自己的方式來訓練學弟妹。

與此同時，也有女人不希望年輕一輩再經歷自己曾經受的苦，所以努力改變不良體制，盡力消除性騷擾和性別歧視。在我周圍，有許多女性朋友都挺身而出為女性爭取權益，高呼：「我才不要當女王蜂！」但願女性朋友遇到困難時，都可以在身邊找到能夠支持自己的前輩。

也有些女王蜂會宣稱「我從來沒有遇過性騷擾或是性別歧視」，碰到這種人，我實在很想捏住她們的下巴質問：「那又怎麼樣？」即使自己不曾遇過性騷擾或性別歧視，也無法改變有些女性為這種問題苦惱的事實。而且**這類言論其實隱藏著「遇到性騷擾和性別歧視的女人本身有問題（像我這麼聰明的女人就不會遇到）」這種指責被害人的心理。**

因為過去曾有很多女人為性別歧視奮戰，這些女王蜂才能夠讀大學、外出工作和參加選舉。雖然我很希望能夠學《凡爾賽玫瑰》的勃利公爵夫人那樣說：「妳們該不會不瞭解女性運動家即使受到誹謗中傷、即使遭到阻礙，也仍然為了爭取女性權利而奮戰的歷史吧？還真是狠角色呢，呵呵呵！」卻不會像她一樣冷嘲熱諷地說「如果妳們有什麼意見，就來凡爾賽宮對我說」，而是會挑明了找對方決鬥：「我們去頂樓單挑……好久……沒這麼生氣了……。」

但如果對方是上司或前輩，當然就很難去頂樓單挑，畢竟山王聯合會的眼鏡蛇也說過「光靠拳頭無法解決問題」，當身分地位比自己高的人發表這種女王蜂言論，到底該怎麼辦？

　　即使聽到對方說「換成是我，就會一笑置之」也不要自責，覺得「難道是我不夠成熟，所以無法一笑置之嗎？」，而是要認清「原來這個人是女王蜂，是趨炎附勢的牆頭草」，在這個認知基礎上對她說：「我瞭解了，那我會去找人事部長商量。」一旦**抬出職位比對方更高的人**，這種牆頭草就會著急了，心想「不妙，這樣別人會知道我對下屬遭到欺負視若無睹」，就很可能因此改變態度。

　　除此以外，也可以問對方：「一笑置之只會造成更多人受害，性騷擾和性別歧視永遠不會消失，難道這樣也沒問題嗎？」要是她說自己不是這個意思，就立刻追問：「所以妳也認為必須消除性騷擾和性別歧視，對嗎？」確認之後再問：「那妳願不願意幫忙？」即使對方點頭答應，可能也無法奢望得到她積極的協助，但至少可以發揮「別扯後腿」的牽制效果。

　　藉由這種方式得到對方的承諾後，就再去找其他願意協助的人，期待可以找到法遵部門、性騷擾諮商窗口、其他部門的上司或前輩等共同奮戰的盟友。

　　許多女性朋友都說，在私生活中遇到女王蜂時，還可以自行和對方保持距離，但如果職場上有這種人，無論如何都必須打交道。

　　一位二十多歲的女生告訴我，幾年前爆發那起前偶像團體成員被控猥褻女高中生的事件時，一位女性前輩在辦公室說「誰叫她要去別人家裡」、「只不過親一下而已，也太大驚小怪了」，還試圖徵求其他人的認同，讓她感到很生氣。其實遇到這種情況時，最好能夠用以下這些話當面反駁：

　　「這些言論會對被害人造成二度傷害，很多人就是因為害怕受到二度傷害，所以只能忍氣吞聲，以淚洗面，不敢向他人求助。」

　　「不是應該譴責加害人『為什麼不徵求對方的同意』嗎？怎麼反而譴責被害人？」

　　「如果男性下屬去上司家裡遭到毆打，妳也會責怪他『誰叫你要去上司家裡』嗎？」

　　「即使女生答應一起喝酒而去對方家裡，也只是同意『在家喝酒』，把『去對方家裡』等同於『同意發生性行為』是錯誤的認知。」

　　但如果對方是自己的主管，就很難出口反駁，那個女生當

時急中生智地說：「說到偶像，我喜歡的偶像超讚！」硬是轉移了話題。在團體中為自己打造只聊偶像的人設，也不失為一種自衛的方法，只不過使用這種方法的話，對方並不會改變，還是會反覆發表相同的言論。

「我們不要在公眾場合討論性暴力的話題，不然可能會刺激某些人內心的創傷，導致他們受到傷害。」這樣的回答或許能夠變成對方察覺問題的契機，但要說出這句話也需要很大的勇氣，許多人往往沒有勇氣當面說出來。**如果我是那個女生，會在事後傳電子郵件告訴對方「我有性暴力的心靈創傷，每次聽到那種事就會很難過」，希望對方在收到信件後能夠反省，同時注意自己今後的言行。**

10 年前，有一個和我關係不錯的女生說：「妳不認為那些遭到家暴的女生自己也有問題嗎？」我一時啞口無言，之後就和她漸行漸遠，卻對自己當時什麼話都說不出來感到很懊惱，至今回想起來，仍然覺得很不舒服。

如果是現在的我，就會真誠地向她說明「因為有的人反而會檢討被害人，所以才讓那些被害人不敢說出來」、「在妳面前的我，可能就是家暴的被害人，所以妳最好不要這麼輕率地說出這種話」。

十多年來，時代持續進步，具備女權意識的女性越來越多，

或許當年這位朋友也會因此察覺到「我以前的想法錯了」。假使相隔 10 年再遇到她，我想這一次我們一定能夠成為真正的好朋友。

如今經常有人因為失言引起公憤而在網路被網友圍剿，導致四處竄起輿論的烽火。但該延燒就延燒，引發論戰的話題能夠得到充分討論，正是時代進步的證據。

在以「性合意」為主題的節目中，26 歲的女主持人說：「只要女性有高度的判斷力，不要隨便去別人家裡就好。如果不想發生關係，就別單獨和對方去喝酒。」這番話在網路上遭到猛烈抨擊，我也從中感受到「聰明的女人懂得自我保護」、「（無法自我保護的）笨女人即使遭到性侵也怪不了別人」的含意，不禁對這種貶低性暴力被害人的發言感到憤怒。

同時，我也很同情這位女主持人「習慣博取男人歡心的言行」。這位女主持人向來以直爽的人設而受到歡迎，別人往往會用「她的內心是老男人」來稱讚這種類型的女人。

想要在男性社會生存，不是成為「公主」被男人捧在手心，就是必須和男人同化，把自己變成「老男人」。靠這種方式升遷的女人，即使下屬和她們商量遭到性騷擾的事，她們也只會說「這種事值得大驚小怪嗎？」、「只要充分利用那些男人就

好了」，把已經陷入困境的女性更加逼入絕境。我很想露出詩人高村光太郎的表情吟詩：「人啊人啊，不要再做這種事了。」女人不要在男性社會中繼續為難女人了。

「即使遭到性騷擾，聰明的女人會一笑置之，只有笨女人會大驚小怪，把事情鬧大」，這樣的價值觀只會讓那些想性騷擾女人的男人漁翁得利。讓女人分裂、女人為難女人，最後那些男人從中佔便宜──他們就害怕女人團結起來，一起譴責性別歧視和性暴力。

男人為了保護他們的既得利益，不想改變男尊女卑的體制，所以試圖讓女人自相殘殺，讓她們看不清真正的敵人。女人怎麼可以被這些男人玩弄於股掌？

女王蜂或許會想要反駁，「我才不是高村光太郎筆下那種狼狽不堪的鴕鳥」、「我才沒有受傷，別把我和那些軟弱的女人混為一談」。但是，受傷的人能夠坦承自己受了傷的社會、能夠令人勇敢求助的社會，不是能讓大家過得更好嗎？即使遭到不合理的對待而受了傷，仍然必須咬牙忍耐的社會才是有問題的，如果不希望把這樣的社會留給下一代，就要一起把以前曾經受過的傷說出來。只要女人團結起來，「不允許任何歧視

和騷擾，也不允許任何傷害他人尊嚴的行為」，就一定可以打造一個更加和諧安逸的社會。

當女王蜂終於意識到女權問題時，我也會欣然展開雙臂迎接——歡迎加入姊妹淘的世界！

「只要提升女性魅力，就可以把自己嫁出去」

喜歡貶低別人的慣犯

我認為這個世界上，有些人容易被別人貶低，有些人則比較不會遇到這種事。

我屬於比較不會被貶低的人，可能是因為我腰圓膀粗，看起來像黑猩猩，彷彿會說出「要不要欣賞真正的猩猩打鼓？」這種話，而且我的長相和打扮也很有氣勢。雖然用《七龍珠》中的戰鬥力探測器來測量實際戰力的話，我的戰力指數應該和龜仙人差不多低，但至少外表看起來很凶悍。

喜歡貶低別人的人總是會攻擊比自己弱小的對象，專挑看起來弱不禁風的人下手，所以體型嬌小或是感覺很文靜的女生，就很容易淪為這種人的目標。

即使現在開始狂灌可以幫助成長的營養飲料，也無法讓體格更健壯，但或許可以改變自己給人的印象。抬頭挺胸大步走、說話大聲有活力、改變平時的姿勢和行為等都很有效，網路上

也有一些文章教人如何藉由化妝和服裝讓自己看起來強悍，避免被看輕，不妨參考看看。

　　順帶一提，色狼也都專門挑乖乖女下手，有不少女性朋友和我分享「自從在通勤時開始戴墨鏡，我就沒有再遇過色狼」。這是很容易做到的方法，各位女性朋友不妨一試，我甚至希望鐵路公司可以在月台的書報亭販售帶刺的墨鏡。

　　只要用帶刺的墊肩或手指虎等配件表現出「世界末日感」，那些喜歡貶低別人的慣犯就不會靠近。也很推薦像《北斗之拳》的雷奧那樣額頭冒青筋的造型，或是第一次見面就打招呼：「你好，我是狗法眼加魯夫。」然後狂聊狗的事（狗法眼加魯夫是《北斗之拳》中愛狗的暴君，所疼愛的鬥牛犬名叫「賽奇」）。

　　俗話說「攻擊是最大的防禦」，我屬於那種如果有人敢欺負我，就會加一兆倍奉還的人，所以比較不會有人來找碴，但是**那些不太會動怒的人便很容易成為標的。**

　　雖然最好能夠具備像雷奧那樣的鬥志，但那畢竟不是一朝一夕能夠培養起來的，何況每個人忍耐的限度都不一樣。

　　所以，我要一次又一次提醒，**女人要改掉不自覺露出笑容的習慣，然後練習普丁臉和鯨頭鸛的表情。**假使無論如何都會露出笑容，那就面帶微笑地捏碎核桃。

除此以外，還建議可以大聲吹噓。比方說，對別人吹噓「以前遇到一個說話很沒禮貌的傢伙，我就用棍子海扁了他一頓」，讓別人覺得妳「雖然看起來很文靜，但該動手的時候不會手軟」。至於到底要吹噓使用的棍子是實木角材、鐵橇還是Gretsch，就隨各人喜好了。

　　不要輕易自嘲也很重要。因為自我貶低時，別人也會看輕妳，認為「看不起這個人沒關係」，於是容易成為被貶低或是作弄的對象。

　　那些容易被貶低的人當中，也有人會煩惱「我是因為不想被別人討厭，所以才都笑臉迎人，希望凡事面面俱到」。親切待人是優點，不歧視他人、公平對待所有人很好，沒必要改正這麼出色的優點。只不過這個世界上有些妖魔鬼怪專門利用和剝削別人的優點，為了避免成為這些魑魅魍魎下手的目標，比起「被對方討厭」，更應該要意識到「自己喜歡或討厭對方？」這個問題。

　　如果喜歡這個人、和對方在一起很自在，那就可以當朋友，反之則保持距離，這是建立愉快人際關係的祕訣。**「改變朋友圈」是消除生活壓力最有效的方法，只要擺脫不好的緣分，就會建立新的緣分**，希望每個人都用斬鐵劍毫不猶豫斬斷不必要的東西。

但是，工作上的關係或是同學家長之間的來往，就是想斷也很難斷得一乾二淨。

我向女性朋友打聽後，得知了她們遇到的情況──「公司的前輩經常說一些幹話建議，什麼『妳只要提升女性魅力，就可以把自己嫁出去』」、「兒子同學的媽媽經常炫耀『我老公在一流企業上班』、『我老公買了一輛賓士給我』」，雖然很想回敬對方「妳給我閉嘴」、「那又怎麼樣？」，但實際上往往無法做到。這種時候，建議像紅心大人一樣四兩撥千斤，化解對方的招數（紅心大人是《北斗之拳》中一個巨胖的角色，渾身的肥肉可以吸收所有攻擊，別名拳法殺手）。

即使被攻擊也不會受到任何傷害，表現得雲淡風輕，對方就會覺得「貶低這個人也沒什麼意思」，於是主動撤退。

除此以外，**老鼠會回應法、宗教回應法和右翼回應法都可以運用在各種不同的場合**。當對方說「妳只要提升女性魅力……」時，就用老鼠會回應法說：「我有好好保養皮膚！目前使用的是這款肥皂，你有聽過 × 麗嗎？」宗教回應法的話是開口閉口都是上帝：「我也很想結婚……不知道上帝會把我引導到什麼方向……總之，我會好好祈禱……。」至於右翼回應法則是用 iPhone 播放軍歌，上下抖動身體說：「我都聽這首歌，

積極參加婚活〜♪」

　　這些方法都可以讓對方退避三舍，覺得「還是躲遠一點為妙」，和妳保持距離。如果擔心這種方式會出現負面傳聞，導致孩子遭到霸凌，那就不妨試試**雞同鴨講回應法**。

　　「我老公在某大企業工作」→「我把諧星村上昭二當成目標」，「我兒子考上了某明星中學」→「我蟯蟲檢查好像有問題」，用這種方式和對方雞同鴨講，肯定能成為一對出色的諧星搭檔。

　　這個方法的重點，就是雞同鴨講、亂扯一通。當別人認為妳很擅長傾聽，妳就容易吸引到那些討厭的人，對話就像傳接球，和這種人說話時千萬不能正常拋接，而要練習把球丟到其他方向。如果對方說「我老公買了賓士送我」，可以回答：「賓士是德國車吧，那妳對梅克爾前首相有什麼看法？」也可以模仿《JoJo的奇妙冒險》中高喊「德意志軍人不會慌張！」的納粹軍官修特羅海姆的語氣，問她：「妳有沒有追《JoJo的奇妙冒險》？妳喜歡第幾部？」（敝人喜歡第四部），或是回答：「說到德國，我就想到牧羊犬。」這招屬於只談狗狗話題的狗法眼加魯夫回應法。

　　我討厭貶低別人，也不喜歡被別人貶低，正是因為厭惡霸

凌和歧視。

有些人把周圍的人按照高低優劣分類，攻擊地位比自己低的人或是弱者，試圖藉此消除內心的自卑感。不只是我不想和這種卑劣的人扯上任何關係，就連我的 Gretsch 也在冒火。

這是我的生活原則，所以現在和同樣沒有興趣貶低別人的人一起過著平靜的生活。

但是回想以前，有幾件事讓我覺得似乎遇到了這種貶低別人的行為。

在大學時代，當我考試或是打工表現不錯時，周圍的男生經常會說「沒什麼了不起」、「這點小事有什麼好神氣的」。這些男生當中不乏有厭女情結的人，認為「男人就該比女人厲害」，但因為我之前讀女校時並沒有「假裝自己不會，給男生面子」的文化，所以當時很震驚地發現，原來這個世界上真的有天空之城拉普達……！

有些人總是說「女人的敵人是女人」、「女人都心機重又陰險」，這些就是厭女情結。無論男女，都有人喜歡貶低別人，所以這其實和性別無關，而是性格問題，只不過男人和女人貶低別人的傾向稍有不同。

男人追求在學歷、工作和金錢方面高人一等，女人則希望在結婚、育兒和容貌方面更有優勢，根源就在於對性別角色的

刻板印象。

　　總之，**我在未來的人生路上，也希望能夠堅持「不貶低他人、拒絕他人貶低、遠離貶低」的三大原則**，更要避免「我無意貶低對方，對方卻認為遭到了貶低」的誤會。

　　比方說，我經常聽到正在接受不孕治療的女性朋友傾訴她們的煩惱：「當已經生了孩子的人問我『妳還沒有懷孕嗎？』、『如果打算生就要趁早』，即使對方沒有惡意，我也覺得自己遭到了貶低。」

　　每個人的狀況不一樣，也有些人不願意告訴別人目前面臨的困境，所以我們平時說話必須格外小心謹慎，想像對方的感受是很重要的一件事。

　　我也曾經聽過有人不喜歡「動不動就覺得遭到貶低」的自己，認為是自己性格有問題而感到沮喪，煩惱不已，但這其實是很自然的感情。經常有人說「不需要和他人比較」，但我認為「人活在世上，就難免會和他人比較」。

　　當年我還深陷戀愛地獄時，看著名人的戀愛報導，忍不住潸然淚下地說：「真羨慕維多利亞，有貝克漢愛她。」結果朋友都吐槽我：「不要和別人比較！」在參加好朋友的婚禮時，

也是祝福和嫉妒的心情各佔一半。

內心產生負面的感情並不會造成他人的困擾，畢竟內心世界是不可侵犯的領域，無論想什麼，都是個人的自由。

覺得別人在貶低自己，其實並不是自己性格有問題，只是目前的狀況不太好，一旦所處的狀況改變，心情也就會跟著改變。不需要像聖人一樣，認為「任何時候都必須為別人的幸福感到高興」，勉強自己、壓抑自己，反而會導致更長時間陷入負面狀態，所以不必當聖人，不妨像漫畫《天才妙老爹》中的老爹那樣，告訴自己「現在這樣就很好」。

同時，也要讓目前痛苦的心情成為日後的養分。比方說，我自主選擇不生育，無法瞭解治療不孕症的痛苦，卻非常能體會得不到自己想要的東西時的痛苦。

即使立場和屬性不同，即使沒有過相同的經驗，只要能夠發揮想像力，人和人之間就可以相互瞭解。

只要大家都牢記「每個人有各自的喜悅和痛苦」，那麼即使《北斗之拳》中那個胸口有北斗七星形狀傷痕的男人沒有出現，這個世界也會有和平降臨。所以，我也很想像紅心大人一樣，為自己取一個「貶低殺手阿爾黛西亞」的別名。

「我勸妳趕快放下，原諒對方」

造成二度傷害的濫好人

　　毒親、施加精神虐待的丈夫，以及性別歧視、性騷擾、職權騷擾的加害人等等，每個人都有一、兩個，甚至一百個無法原諒的對象，我也經常仰望天空想著「不知道會不會有死亡筆記本從天而降」。

　　我無法原諒那個傢伙——之所以會有這種想法，是因為對方做了過分的事，傷害到自己，所以遇到有人說「我勸妳趕快放下，原諒他吧」，就會很不爽。不，不只不爽而已，簡直火冒三丈、怒髮衝冠。

　　要不要原諒對方，必須由當事人自己決定，有時候也並不是想原諒就能夠原諒。那些勸別人「趕快放下，原諒對方」的人，八成認為「原諒才是對的」、「只要想原諒，就一定可以原諒」。

　　然而，無法原諒別人時，最痛苦的莫過於當事人。如果可以原諒、可以放下，不知道會有多輕鬆；如果能夠忘記，不知

道該有多好⋯⋯即使迫切地想要放下、想要原諒，但就是因為辦不到，所以才會深陷痛苦。

對這樣的被害人說「我勸妳趕快放下，原諒對方」，無疑是二度傷害。

如果有人親眼看到自己的父母慘遭殺害，應該沒有人會對他說：「我勸你趕快放下，原諒殺人凶手。」勸說「（那又沒什麼大不了）妳就原諒對方吧」，根本是輕視被害人所受的傷，是再次深深打擊被害人的二度傷害。

被要求趕快原諒加害人的被害人，往往會覺得「無法原諒加害人是自己的錯」而陷入自責，過得更加痛苦，她們獨自帶著創傷，變得孤立，受傷的心也就更難以重新振作。

「妳趕快放下，原諒他吧」、「他有他的苦衷」、「我相信他也很痛苦」、「妳不必這樣大驚小怪吧」、「是不是妳太多心了？」、「如果是我，就不會放在心上」、「妳是不是也有錯？」、「妳這樣責怪他，他也很可憐」、「妳為什麼這麼生氣？」、「生氣也無法解決問題」、「內心帶著怒氣，只會讓自己更不幸」⋯⋯。

諸如此類的話，會把被害人更加逼入絕境，也會讓她們不敢發聲。

對遭到霸凌的被害人說「妳趕快放下，原諒他（加害人）」、「我覺得他也很痛苦」、「妳這樣責怪他，他也很可憐」，被害人就會不敢繼續發表意見。

會說這種話的人往往主張自己「保持中立」，但在班上發生霸凌時，自認「保持中立」而沒有任何作為，其實就是霸凌的消極幫凶。當周圍的人都不出面制止，加害人就可以為所欲為地霸凌他人，那些加害人一定很開心，「謝謝你們視而不見，所以我才能夠繼續霸凌別人」。

即使無法挺身為被害人發聲，至少不要說這種廢話，不如像《鬼滅之刃》的禰豆子和《忍者哈特利》的獅子丸一樣，咬一根竹輪乖乖閉上嘴巴。說起來在竹輪的洞裡塞乳酪和小黃瓜很好吃的，汪汪。

被車撞到導致骨折後，如果認為「沒什麼大不了」，硬是堅持走路，受的傷不僅不會癒合，反而會惡化——心靈的創傷也一樣。

只有完全排除憤怒、憎恨、痛苦、悲傷、絕望等負面感情，心靈的創傷才能癒合。其他人也必須瞭解這一點。

「妳經歷了很慘痛的事，會有這種感受很正常」，只有受到他人的認同，當事人才會感到安心，明白「原來自己的感受

是正常的」，心靈創傷也就會慢慢癒合。

　　但是，不瞭解別人心靈創傷的人卻會說什麼「原諒對方是為了妳自己好」、「趕快忘記痛苦的過去向前看」。

　　當事人聽了這些建議，會覺得「我無法原諒對方、無法向前看很不好」，更加失去自信，陷入不安。一旦自己的真實感受遭到否定，就會覺得「反正說出來別人也無法理解」而獨自苦惱。

　　千萬不要獨自苦惱，努力尋求能夠支持自己的朋友，才能夠讓心靈的創傷癒合，因此不妨找值得信賴的心理醫生或朋友傾訴。向朋友傾訴時，建議先告訴對方：「不要否定我說的話，也不要給我任何建議，只要聽我說就好。」

　　在自己能夠安心的地方說出內心的感受，日積月累，就可以一點一滴慢慢治癒心裡的創傷。

　　我之前也抱有毒親造成的心靈創傷，但我會在各種場合大寫特寫、大說特說，連我自己都膩到快要吐了，結果就在不知不覺中漸漸感到「已經無所謂」，最後猛然發現達到了堪稱「我的心靈創傷好了 !!」的雷奧狀態。

　　對方的存在越來越不重要，甚至覺得無所謂了，就不會再去思考原不原諒的問題，我認為這才是真正的「原諒」。不是

因為想原諒而原諒了對方，而是漸漸走向真正的原諒。

「無法原諒傷害自己的人是理所當然的，不需要原諒也沒關係。內心世界是他人不可侵犯的領域，無論在心裡用什麼方式殺了對方，都是個人的自由。」

我經常在專欄中分享這個觀念，有讀者看了之後告訴我「看到妳說『不需要原諒也沒關係』，帶給我很大的鼓勵」，可見有許多人為「原諒才是正確的」這種壓力所苦。

在毒親的戕害下長大的人，都會因為「我勸妳趕快放下，原諒他們吧」、「你們畢竟血濃於水」、「沒有父母不愛自己的孩子」之類的壓力感到痛苦萬分。會說這種話的人，都被「親情教」或毒親的煽情作品（那些描寫子女原諒毒親，最後彼此和解的催淚故事）洗腦了。

無論父母再惡劣，兒女都會深受「自己無法愛父母是不是忘恩負義」這種罪惡感折磨，外人在不瞭解當事人痛苦的情況下，淨說一些無腦的話，只會更深深傷害當事人。

即使向這些人說明「我父母是毒親」，對方也會開始說教，主張「天下無不是的父母」、「養兒方知父母恩」。遇到這種情況時，反問對方：「你也會對受虐兒童說這種話嗎？」大部分的人就會乖乖閉嘴，只不過仍然會有人堅持：「妳的父母也

很痛苦,應該原諒他們。」

　　這時我只要說「我父親讓我背了 5000 萬圓的債務」,對方就會啞口無言,這一招真的很好用。我曾在前面那本書中提到 23 歲時受到父親的威脅,被迫簽名蓋章為他擔保。

　　如果是現在 45 歲的我遇到這種事,就會尖叫著:「毒毒怪獸出現了!快逃啊 !!」然後把印章塞進陰道拔腿逃走。23 歲的我之所以會簽名蓋章,就是因為被「家人必須相互幫助」、「對父母見死不救太過分」這種「親情教」洗腦綁架了,所以我現在就像唸經一樣不停地唸著:「親情教,巴魯斯!」

　　而且當時我對自己悲慘的家庭環境深感羞恥,無法向任何人提起毒親的事。如果那時曾經找別人商量,我應該早就會把印章塞進陰道了(略)。

　　二十多歲時,公司的前輩對我說「至少過年的時候該回家看看」、「妳父母一定很想念妳」,我也只是笑笑地說:「我的父母很差勁呢。」結果其中一名前輩說:「妳不要說得自己好像被害人!」我當時實在應該用竹輪爆打她一頓,只可惜我手上沒有,而且竹輪的殺傷力很弱,我應該用 Gretsch 或是牛蒡痛揍她才對。

　　不然也可以找對方決鬥:「我們去頂樓單挑……好久……

沒這麼生氣了……。」可惜我當時太震驚了，什麼話都說不出來。即使沒辦法大喊「斯巴達 !!」把她從頂樓踹下去，也希望至少能讓她受一點皮肉之苦。

用艾斯迪斯回應法也可以教訓對方，只要放聲大哭，學《JoJo 的奇妙冒險》中的艾斯迪斯那樣哭喊著：「太太太過分分分了，啊啊啊啊啊、啊啊啊啊啊、啊啊啊啊，喔喔喔喔喔喔 !!」讓對方淪為說話尖酸刻薄、把後輩惹哭的壞蛋，她就可能會向妳道歉。如果對方道歉了，就冷酷地回答：「不好意思，是我內心想要大聲吶喊。」

當年那個前輩是我想用死亡筆記本賜死的頭號人物，但我竟然忘了她的名字。中年健忘真是太可怕了，不要說是那天所看到的花的名字，竟然連無法原諒的傢伙的名字都想不起來。

也多虧了這種健忘，熟女的日子過得輕鬆自在，就算看到酸民留言的當下很火大，但 1 分鐘後就忘記了。

我現在每個月仍然在慢慢還錢，每次去銀行匯款，都忍不住想「死老爸，如果死後再相見，我要用竹輪痛毆你」，但也是 1 分鐘後就忘了，以前的憤怒和痛苦漸漸淡化，平時根本不會想起來。

即使目前內心充滿憤怒和痛苦，總有一天可以像雷奧一樣

高喊：「我的傷都好了!!」即使目前痛不欲生，總有一天會慶幸「活著真好」，像我現在就希望自己可以長命百歲。

　　所以，在這一天到來之前一定要努力撐下去，當妳重新站起來之後，我們再拿著竹輪和大法螺一起出征。

一不小心就會淪為「善意騷擾」的舉動

各種騷擾行為基本上都是地位或職位較高的人對較低的人做的。曾有一位重量級的男藝人從加害人的角度說什麼「性騷擾是必要之惡」，但從來沒看過任何女性回顧說：「以前別人都會隨便摸我的屁股，真是太美好了。」女主播也不可能折斷綜藝天王三野文太的手指痛斥他：「死老頭，不要摸我！」

由於掌握權力的大部分都是老男人，所以從女性朋友口中聽到「被老男人騷擾」也佔了一大部分。

在重男輕女的鬼島日本，女人經常是被害人，也因此，她們往往缺乏「自己也可能成為加害人」的意識。以下是我帶著反省和自我提醒所記錄下的以前曾經犯下的錯。

我今年 45 歲，在我的熟女禁忌手冊中有這麼一條──「除非別人徵求我的意見，否則不向任何人提供建議」，因為我知道自己這個關西阿姨很熱心，經常想要主動幫助別人。

女人出於善意的言行，很容易成為對他人的騷擾。

　　比方說，自己曾經因為接受不孕治療或是高齡分娩吃了不少苦，就會提醒年輕人「想生孩子還是早一點比較好」。

　　每個人的情況各不相同，有些人並不願意把自己的私事告訴別人。我曾經聽到女性朋友說，在接受不孕治療、身體感到不舒服時，被年長的女性關心「如果以後打算生孩子，就要好好調養自己的身體」；也有人在流產向公司請假後回去上班時，被問：「有喜了嗎？」令當事人感到相當痛苦。

　　懷孕和分娩是非常敏感的話題，所以不該輕易談論。看到有人身體不適時，最好的做法就是關心對方：「妳還好嗎？有什麼需要我幫忙的，請儘管說。」

　　如果對方是出於善意才說一些不中聽的話，聽的人往往會不知道該如何反應。畢竟要是有人說「要不要我教妳怎麼生小孩？嘿嘿嘿」，那麼就可以立刻穿上盔甲去法遵部門出征，但如果是抱有善意的人，我們並不會想和對方發生衝突。

　　聽到有人說「想生孩子最好還是趁早」時，

面帶笑容地回答「是啊，畢竟卵子會老化」，對方以後就會繼續提供一些餿主意，或是借一些妳根本不需要的懷孕書籍給妳看。

面對這種善意騷擾，採用驚訝回應法、明菜回應法和聊天機器人回應法無疑是最好的方式。

驚訝回應法就是露出「什麼？原來你是會說這種話的人？」的驚訝表情，然後不知所措地回答：「喔、喔喔，這樣啊。」當妳表現得很驚訝時，對方也會大吃一驚，或許可以成為她思考自己是不是說錯話的契機。

明菜回應法是低下頭，小聲地說：「因為發生了很多事……。」這樣對方就會知道「對她來說，生孩子的話題是地雷」，順利的話，還可能讓她意識到「每個人的情況不同，不可以輕易干涉別人的私事」。

至於聊天機器人回應法，則是一直重複「原來妳這麼想」這句話，讓對方不想繼續聊下去。順利的話，她可能也會發現「妳和我是不同的人，想法不一樣也很正常」。

關於善意騷擾，我還曾經聽到一些阿姨喜歡

撮合別人的故事。

　　只要看到單身男女，就會試圖撮合：「你們要不要交往看看？」或是主動問：「要不要我幫妳介紹男朋友？」又或是向別人推薦：「這個女生沒有男朋友，你覺得她怎麼樣？」

　　這樣的阿姨是出於好心才這麼做，所以很難叫她不要多管閒事，何況她們平時都是很會照顧別人、親切善良的長輩。

　　遇到這種情況，可以用驚訝回應法或是明菜回應法化解，也可以一臉認真地問：「我說過我想交男朋友嗎？」要是對方反問：「妳不想嗎？」不妨回答「我對談戀愛沒有太大的興趣」或是「我有其他更想做的事」，讓她知道「這是多管閒事」。

　　如果對方繼續說什麼「一個人會寂寞，還是交個男朋友比較好」，那就真的太多管閒事了。

　　這時可以直視她的眼睛說：「我有男朋友啊，只不過是在其他次元。」或是朗讀自己構思的最強夢幻小說給她聽。要是對方問：「妳為什麼這麼喜歡這種東西？」就雙眼發亮地回答：「哇嗚！

好猛啊，直球對決耶，呵呵。」

　　我有一位男性朋友是同性戀，男上司向他施壓：「接下來就只剩下娶老婆了。」女性前輩也過度關心地問他「你沒有女朋友嗎？你長得這麼帥，不交女朋友太可惜了」、「你這麼帥，為什麼沒有女朋友？要不要我幫你介紹」。

　　這些人認定世界上所有人都是異性戀者，而且渴望戀愛和結婚，所以才會出現這種騷擾行為，但在現實生活中有各種不同性向的人，也有些人是一個人也能過日子的完全生命體，因此不妨把日本國民詩人金子美鈴的詩句「每個人都不一樣，每個人都很棒」當作標語吧。

　　「有個女同事好像去了猛男酒吧，在辦公室中央大叫：『可以摸到結實的胸肌喔!!』」我聽朋友分享了這件事，忍不住自我提醒，因為「我也很可能做出這種事」。

　　我們必須把老男人的行為當成反指標，改正自己的行為，男人不可以做的事，女人當然也不可以，只是偶爾會不小心鬆懈，覺得「畢竟是女人，因為大家都是女人，所以沒關係」。這種時

候，不妨提醒對方「現在是上班時間，下班之後再聊這些事」，讓對方收斂一點。

一位喜歡 BL 作品的腐女朋友反省說：「我有時候也會忍不住在大家面前說，『抖 S 的年下攻刺激結腸，讓淘氣受墜入快樂天堂的情節超級無敵酥麻 !!』之類的話。」

在女生的同好圈聚會時說這種話當然沒問題，但如果在辦公室說什麼「超級無敵酥麻」可就不行了。我很想好好教育過去的自己（同時把她直直埋進沙灘，只露出腦袋），並不是不能開黃腔，而是必須注意時間、地點和場合，就好像男人走在大馬路上不能露鳥一樣。

二十多歲那時，開黃腔之於我就像呼吸。當時的公司有一種會開黃腔才厲害的氣氛，所以我自認身為炒熱氣氛的人，必須回應大家的期待，但我相信這也等於接受和助長性騷擾的風氣。

當時的我是性騷擾的受害者，同時也是加害人。正因為反省了這樣的過去，所以我勤於更新自己的觀念，也認為自己必須發聲。

在美容和時尚方面，也很容易發生善意騷擾

的情況。妳要不要試試這種化妝方法？這種打扮應該很適合妳？妳有沒有好好保養皮膚？有時候會覺得是為對方好，結果淨提出一些幹話建議。

　　一位女性朋友告訴我：「我從小就對美容或是時尚沒什麼興趣，也不會想讓自己變漂亮，只熱衷於自己喜歡的事物，結果就被說什麼『不配當女人』、『浪費了生為女人』，讓我覺得抬不起頭。」

　　即使熱衷將棋的少年頭髮亂翹，也不會有人說他「不配當男人」或是「浪費了身為男人」，想要讓自己變美是個人的自由，但要求每個女人都要美麗，就是一種綁架。

　　一位女性朋友嘆著氣說：「我有異位性皮膚炎，但別人都把我說得像是疏於保養的懶女人，讓我感到很痛苦，還會有人一直推薦我要不要試試某款化妝水。」遇到這種情況，不妨告訴對方「我是過敏體質」，然後用力打個大噴嚏，現在的人都很怕病毒，一定會落荒而逃。

　　每次看到那些完全沒有留下歲月痕跡的不老美魔女，我就會發自內心佩服，也懷疑她們是不

是吃了人魚肉。基本上這些女性都是為了自己而努力，很少會強迫別人像她們一樣，但也有人會說出「女人不努力，就會老得很快」之類的話。

遇到這種人，不妨回答「變老也沒關係，比起美容，我對俳句更有興趣」，然後吟一首日本古典俳句三大家之一的小林一茶的俳句「死亡的準備，隨時隨地要做好，櫻花如是說」，或是江戶時代詩僧良寬的「櫻花紛紛落，枝頭殘留的櫻花，亦將落紛紛」給她聽。

用俳句回應很高雅，但中二回應法也很妙。不妨露出瘋狂的眼神問對方：「妳打了肉毒桿菌嗎？我的興趣就就是研究毒物……呵呵呵。」對方一定會嚇得拔腿逃走。

也可以像機關槍一樣喋喋不休，把對方打成蜂窩：「這種事不重要，妳看看我追的偶像超美！美麗是一種罪！太美就是罪上加罪！」如果不擅長連珠炮似地說話，那就扮演沉默武士，無論對方說什麼都用刪節號「……」回應，然後露出戰國時代武將武田信玄的表情，表示遵循他「其徐如林」的哲學。

或者露出信玄臉看著遠方，表示自己對美容、抗老化不感興趣。如果當著對方的面挖鼻孔，仔細盯著挖出的鼻屎，在人人聞病毒色變的現在，對方也肯定會立刻逃之夭夭。

　　在鏡子前咬著玫瑰說「美麗是一種罪」的人不僅無害，還很賞心悅目。我每次看到以整容出名的女藝人叶恭子就覺得心情很愉快，聽說她為了維持美貌，平時在家都一絲不掛，讓我很擔心她會不會感冒，不知道有沒有帥哥會在她生病時照顧她。

　　如果基於個人興趣這麼做，那畢竟是個人自由，但要是強迫別人「妳在家也別穿衣服」，就真的是幹話建議了。

　　想要幫助他人的善意很寶貴，遇到困難時，也希望大家能夠發揮「人飢己飢，人溺己溺」的精神相互幫助，為了避免這種善意成為造成他人困擾的騷擾行為，必須先自問，是否太一廂情願或是將自己的想法強加於人，同時要尊重對方的心情和想法。在這個基礎上，如果對方有需求，我就會盡一己之力提出有用的建議。

性騷擾、職權騷擾大戰開打!

第 **3** 章

那些鎖定女性下手的「惡勢力」

── 「妳很有才華，我可以提拔妳當○○」

濫用權勢的老男人

「同行的一個老男人對我說：『妳很有才華，我可以介紹工作給妳。』結果見面之後竟然要我陪他喝酒，而且一個勁地追求我，還約我一起去開房間。我很氣自己之前竟然沒有識破他的真面目，內心的懊惱和憤怒至今無法消除。」

我曾經聽過很多類似的故事。以前在廣告公司任職時，我也曾經被同行的老男人約出去，說要討論工作的事，結果竟然是約我去飯店開房間。雖然我很想大喊一聲：「鋼鏈手指！！」把對方剁成肉醬，但基於工作上的上下關係，只能忍氣吞聲。

我還曾被一個老男人客戶強吻，但也只能忍辱含羞，因為當時覺得提出控訴會造成公司的困擾。我很想緊緊抱住 20 年前的自己，和她並肩作戰：「我們去找那傢伙，用 Gretsch 把他海扁一頓！」

有些卑鄙無恥之輩會利用工作上的優勢，試圖在性方面佔便宜。

揭露好萊塢電影製作人哈維‧溫斯坦性騷擾的報導，引發了 #MeToo 運動，受到全球矚目，有超過 80 名女性出面指控遭到他性騷擾，溫斯坦被控性侵罪，法院最後判決罪名成立。那些受害女星面對握有強大權力的溫斯坦，因為擔心失去工作，所以「不敢拒絕」、「無法出面控訴」。

　　每次發生類似事件，就會有酸民說什麼「也有女人用鮑鮑換包包」，即使有女人用肉體換取利益，仍然無法否認有男人以工作為誘餌，在性方面危害女性的事實。

　　「鮑鮑換包包」、「美人計」、「女人答應和男人一起去喝酒就有問題」、「女人也要負一點責任」之類的言論，都是對被害人的二度傷害。很多被害人因為擔心受到二度傷害，只能忍氣吞聲，不敢對外求助。

　　而且一旦控訴被性侵，往往就會遭到加害人的攻擊，或是輿論嚴重的二度傷害，也有人像受到同業前輩性侵的記者伊藤詩織那樣，無法繼續在日本生活。

　　我們絕對不能容忍令被害人深受折磨的二度傷害，必須徹底驅逐那些失言的人，一個也不剩……所以每次聽到類似的發言，我就會瞪大眼睛反問對方：

　　「你會對被車撞的人說『世上也有假車禍』這種話嗎？」

「你會對被搶劫的人說『誰叫你這麼晚還走在街上』、『誰叫你的衣服看起來這麼高級』嗎？」

「這是對被害人的二度傷害，我也曾經是性暴力的受害人，你這種言論讓我很受傷。」

被害人遭遇這種事，原本就很自責——怪自己相信對方的說詞，怪自己沒有識破對方的真正目的，也怪自己聽到對方以工作為誘餌就上了鉤。

不用說，這百分之百都是加害人的錯。畢竟遇到身分地位比自己高的人說「我想請妳吃飯來表達謝意」時，很難用「我正在斷食」、「那不如送我亞馬遜的禮物卡」之類的話拒絕。加害人的慣用手法，就是利用弱勢者即使不情願也不敢拒絕的權力關係，製造出對方難以拒絕的情境。

一位女性朋友在出差住飯店時，男性上司對她說：「妳來我房間，我們邊喝酒邊討論工作。」她無法拒絕，覺得「不好意思懷疑對方，而且這樣好像太自作多情了」，結果去了上司的房間後卻遭到強吻，讓她很受打擊，不敢再去公司上班了。

即使發生這種事，也有人會指責女性「不該去男人的房間」，但如果是男性下屬去上司的房間卻遭到毆打，應該就不會有人責怪這個下屬吧。更何況女性認為「好啊，那我們一起

喝酒」而去了上司的房間，也只是同意「在房間內喝酒」而已。

　　以九九乘法表來說，有些人連第一行都無法理解，這種無可救藥的腦殘傢伙卻主張「去別人房間＝同意發生性行為」。

　　更何況正人君子會想到一旦自己提出邀請，下屬可能難以開口拒絕，所以根本不會找異性下屬去自己的房間。**利用上下關係邀請下屬到自己房間，這件事本身就是一種性騷擾。**

　　另一位女性朋友在大學時曾經被四十幾歲的指導教授追求，邀她一起去旅行，她回顧往事時說「因為我很信任、尊敬那位老師，所以受到很大的衝擊」、「我當時並沒有意識到那是性騷擾」。

　　年輕女生會認為「年紀都可以當我爸的老男人，應該不會把我當成戀愛對象或是性對象」，但偏偏許多老男人都會把她們對他在工作上和學問上的尊敬和信任，誤以為是「戀愛感情」。這種老男人的遲鈍簡直讓人昏倒，年輕女生一定要特別小心。

　　讓女性非得自我保護的社會，簡直跟地獄沒兩樣，所以我想出了以下的對策。

　　最好的方法就是避免成為性騷擾的標的。**如果對方已婚，表現出自己是反對外遇強硬派的招數很有效。**一旦涉及外遇的

話題，不妨模仿《進擊的巨人》的主角艾連說：「我要徹底驅逐所有外遇男，一個也不剩⋯⋯。」然後強調「只要已婚男人來約我，我就要去告他性騷擾」、「即使在二次元的世界，外遇的設定也是我的地雷，看到這種情節，我都會想著『小心我去告訴正宮、去公司揭發』」。

　　也可以吹噓「我的親戚是律師，專門接性騷擾的案子」，但如果吹噓過頭，說什麼「那個親戚金髮碧眼，兩個眼睛還不同顏色」，對方就可能起疑，所以小心不要添油加醋太超過。

　　此外「我爸爸很愛操心」的設定同樣十分管用。「如果我被性騷擾，我爸八成會殺了對方」的恐嚇也很有效，但還是記得別吹噓過頭，說什麼「我爸和漫畫《眼鏡蛇》的主角一樣，一雙手是精神槍」。

　　如果因為工作需要必須和客戶見面時，不妨請上司或前輩陪同，要是客戶堅持「單獨見面」，就要懷疑對方的動機。

　　無論如何都必須單獨見面時，可以先打預防針，告訴對方「今天我爸住在我家，他這個人很愛操心，如果 11 點之前沒有回家，他會殺了我」，也可以說「不好意思，今天我剛好生理期，又有點拉肚子，身體很不舒服」，讓自己能提早回家。

　　在鬼島日本，當女人想要自我保護時，就會被說是「自作多情」；一旦遭到性暴力，又會被責怪「為什麼不保護自己」，

明明要是沒有加害人就不存在性暴力，為什麼不去指責加害人？噗嗷嗷！我實在很想奮力吹響想像中的大法螺。

職場上發生性騷擾時，加害人往往不會意識到這件事。正因為有很多加害人真心認為「我不覺得對方不開心」、「我只是用這種方式和她交流」，**所以第三者出面制止是很重要的。**

之前在網路上公開的「# **不要對性暴力視而不見**」影片（網址：http://youtu.be/QZv4QhOx9UA）**6**，正是由敝人所撰寫的腳本。

4 年前的我，時時刻刻都想著伊藤詩織小姐的遭遇，同時感到強烈的憤怒，無法容忍世界上竟然會發生這種事。於是我不斷思考自己能做些什麼、是否能夠為消除性暴力貢獻一點心力，最後決定製作這部影片。**我希望透過這部影片讓社會大眾思考，在目睹性暴力發生時，既不是被害人、也不是加害人的第三者，到底可以做些什麼？同時也希望更多人瞭解，女性在日常生活中經常受害。**我基於這些想法製作的影片爆紅，很多人留言表

---

6. 編按：《# 性暴力を見過ごさない》，有日文與英文字幕，目前
　　點閱數已破 10 萬。

達感想，更有人分享了以下的內容：

「女人被迫倒酒的那一幕，簡直就是我的寫照。和影片中一樣，那時也有一位男性出聲制止，多虧了他，性騷擾的行為立刻停止了，我當時不知道有多感激。想到他如果沒有採取行動，我就會繼續遭到性騷擾，便忍不住想吐。有時候只需要一句話，就可以拯救世界。」

影片中，當上司摟著女人的肩膀，要求她為自己倒酒時，一位男同事出面制止道：「這是性騷擾。」我在寫腳本時正是希望自己有這樣的勇氣，但也覺得如果對方是客戶，恐怕很難出面制止。

遇到這種情況時，我期許自己可以一邊說：「貴公司的新商品簡直太讚了！太神奇了!!」一邊走到他們中間打岔，希望像《進擊的巨人》中的漢吉・佐耶一樣，成為不會察顏觀色的人。此外也可以對被害人咬耳朵說：「妳就說妳身體不舒服要先回家。」這樣或許比較容易做到。

在場的人一個小動作，就得以向被害人伸出援手。**只要被害人為有人幫助自己感到安心、對社會產生信賴，就會願意開口求助。**相反地，如果沒有人伸出援手，被害人就會陷入絕望，認為即使求救也是徒勞，因而獨自煩惱，得不到任何幫助。

最後，我想分享一位女性朋友看了前述影片之後的感想：

　　「我曾經在和別人擦身而過時莫名其妙被推倒或是被襲胸，也曾經遇過死皮賴臉、糾纏不清的搭訕，還被上司性騷擾，但除了這些事本身，周圍的人『視而不見』的態度，也讓我感到很受傷，一想到就忍不住流下眼淚。因此我希望自己是那個看到別人遭遇這種事時能夠發聲的人。」

　　周遭的漠視，也會讓被害人受到傷害。但願所有人能夠一起思考自己應該做些什麼，才能讓我們的社會變成一個性暴力不再氾濫的社會。

──「我好想說黃色笑話喔～開玩笑的啦！」

搞不清楚狀況的白目男

　　幾年前出現的「壞壞老伯伯」論調曾讓我忍不住火冒三丈，覺得「太不妙了！昭和時代的老人臭太濃烈了‼」

　　那篇文章建議自認寶刀未老、還想把妹的高齡男性「去美術館向女生賣弄自己的知識，藉此搭訕」，更搭配了性騷擾套餐──在烤肉店說明牛肉的部位，然後拍拍女生的屁股說「相當於妳這裡」。我看到之後唯一的感想就是：「這種蠢話去對地獄的魔鬼說吧！」問題是很難直接對當事人這麼說並出手點他的穴。

　　日本是一個受儒教文化薰陶的國家，敬老精神根深柢固，也不會像歐美那樣直接叫長輩的名字，在這種以長者為尊的國家，實在無法用美輪明宏的聲音對老伯大吼：「死老頭，你給我閉嘴！」

　　如果我在美術館參觀時有老伯向我搭訕，我會「當他是孤單老人」，帶著社工的心態陪他聊幾句。要是我帶著關懷精神

陪他聊天，他卻搞不清楚狀況，誤認為「好像有搞頭」，還摸我的屁股，那我可能就會失手打死他。

那些搞不清楚狀況的人有一個共同點，那就是「遲鈍」。他們對別人的想法很遲鈍，無法發現對方感到不悅，加上對時代的潮流也很遲鈍，所以完全沒有注意到自己的思想久未更新，已經落伍了。

一位二十多歲的女性朋友曾經發揮敬老精神、親切地對待職場上某個五十多歲的老男人，結果對方不但因此頻頻約她吃飯，甚至還埋伏守候。那位女性朋友向上司報告了這件事後，老男人竟還惱羞成怒地說：「妳是想陷害我對妳性騷擾嗎！」

真希望這種老男人早死早超生，去投胎當白額高腳蜘蛛之類的益蟲，下輩子多驅除些害蟲將功贖罪。

我很想化身中年蜘蛛人保護女性，只是我的屁股應該沒辦法噴出蜘蛛絲，所以換個方向思考了如何杜絕這些搞不清楚狀況的老男人。

面對那些誤把敬老精神當成好感的老男人，不妨大聲宣告「我偏好姊弟戀，根本不會把大叔當成戀愛對象」。「復仇者聯盟中我只愛湯姆・霍蘭德！東尼・史塔克就不行，因為我會

覺得像爸爸。」強調連富可敵國的鋼鐵人妳也沒辦法接受。

　　但是有些老男人的遲鈍天下無敵，或許會說：「我知道妳不考慮老男人，只有我是特別的。」面對這種強大的敵人，必須發揮勇氣，當一個冷酷無情的女人，即使對方邀約今晚一起吃飯，也**千萬不要下意識地露出微笑**，而要像漫畫《骷髏 13》中狙擊能力超強的殺手一樣，**用「……」無言回應**，記得一定要緊鎖眉頭、加深法令紋，表現出狙擊手的味道。

　　那些搞不清楚狀況的老男人還有一招，就是「用 LINE 傳一些噁心無比、超級白目的內容」。

　　如果老男人用 LINE 傳來「我好想和妳說說黃色笑話～開玩笑的啦（^_^；）」也不必理會，不需要回覆「你在胡說什麼啦，哈哈」。假使是無法置之不理的對象，可以隔一晚之後公事化地回覆「我現在才看 LINE，目前正在忙著處理工作」。

　　要是對方還不死心，說什麼「妳好忙啊！真想帶妳去泡溫泉，好好放鬆一下。開玩笑的啦（^_^；）」，就用家有喪事回應法回應：「不好意思，家裡有人去世了，最近有點忙。」

　　我曾經用這一招讓對方向我道歉說「請節哀，不好意思，在這種時候打擾妳」，所以建議可以口頭賜死家人，像是「我祖父正在住院，這幾天是關鍵」等讓家人病危的情境也很有效。

讓人覺得「只要傳訊息就會秒回」的話，也容易遭到糾纏，所以要學會冷回應，不妨一開始就明白告訴對方「我很少看LINE」、「我在家都不看手機」。

　　搞不清楚狀況的老男人最讓人傷腦筋的是，他們完全沒有意識到「自己職位比較高，即使對方不願意也無法拒絕」。

　　諧星松本人志曾經在綜藝節目中問同是諧星的伊藤麻子：「如果我親妳，算不算是性騷擾？」伊藤麻子回答說：「我會超興奮！」也有不少老男人會說出「如果我這麼說，算不算是性騷擾」的性騷擾言論。

　　雖然有人說「遇到性騷擾一笑置之就好」、「把老男人玩弄於股掌就好」，但誰要把這種髒東西放在手上，感覺還會流膿。假使老男人問：「我親妳的話算不算性騷擾？」就要明確告訴他「問這個問題本身就已經構成性騷擾了」，此外平時就要努力為自己打造「絕對不會容忍性騷擾，如果有人敢對我性騷擾，我一定告死他！」這種完全不怕告上法庭的人設。

　　狀況外的老男人很容易對別人性騷擾，狀況外的阿姨則經常會說出一些幹話建議。當年輕女生就像在說「夏天好熱啊」那樣脫口說出「好想結婚」時，這些阿姨就會露出一副過來人

的表情說「那就要好好努力啊，不要整天都只會找女生聚餐」，簡直和那些對著酒店小姐說教的老男人沒什麼兩樣，而且還會管東管西地碎碎唸「要嫁就要趁年輕」、「想結婚就不能太挑」，或是炫耀當年勇，說什麼「我年輕時可是有很多人追」。

年輕女生會捧場說「好厲害！我以前都不知道！太猛了！」，完全只是因為給長輩面子，有些人搞不清楚狀況，還繼續追問別人的隱私：「妳為什麼沒有男朋友？多久沒交男朋友了？」即使用京都人專門用來送客的話問：「要不要來碗茶泡飯？」也聽不懂那是委婉的拒絕，連吃了三碗，最後還要求上甜點。遇到這種對手，就要使用最強大的一問三不知回應法：

「妳為什麼沒有男朋友？」

「我也不知道。」

「多久沒有交男朋友了？」

「不記得了。」

「妳整天一個人，應該很寂寞吧。」

「不會啊，我超厲害！」

「女人的幸福就是結婚生孩子。」

「好可怕的想法，哈哈。」

「結婚真的比較好。」

「是喔？」

面對遲鈍的人，就要採取這種強硬的姿態。**對那些只是因為年紀比較長就誤以為自己人生經驗更豐富、更優秀的人，必須用毅然的態度回擊。**

許多女生都會嘆著氣表示：「最令人頭痛的阿姨輩，其實就是自己的媽媽。」儘管我的父母是毒親，但即使不是，很多女兒還是會說「和我媽在一起，有時候都會忍不住想掐死她」，那是因為父母那個世代的人經常認為「自家人說話用不著拐彎抹角」。

也因此，他們會對女兒說出「妳已經老大不小了，到現在還結不了婚，讓我在親戚面前抬不起頭」這種絕對不會對別人說的話。越是在女兒念書時禁止她和異性交際的父母，在女兒年近三十時，就越會用「沒有理想的對象嗎？我想早一點抱孫子」的雙重標準來轟炸她。

當女兒真的結婚、生子後，母親則會以生兒育女的過來人身分要求女兒這樣做、那樣做，所以我經常聽到女生抱怨：「我媽每次都說她以前帶孩子比現在累多了，一直強調她過去有多辛苦，聽了超級煩。」

在我們的母親那一代，丈夫通常都對育兒漠不關心，也無

法得到政府或是民間機構的支持，要做的事比《金田一少年之事件簿》中的凶手還要多。何況母親也不是完美的人，所以不難理解她們想要把當年的不滿發洩在女兒身上的心情。

但這種行為的確會讓人覺得很煩。那些嘆著氣說「雖然很感謝我媽來幫忙照顧孩子，但她對我造成的壓力遠遠超過育兒」、「我回娘家生孩子，簡直身處地獄」、「無論我表達什麼意見，我媽都會惱羞成怒，根本無法溝通」的年輕媽媽，不妨考慮使用**艾斯迪斯回應法**。

當母親有不合理的行為時就放聲大哭，學《JoJo 的奇妙冒險》中的艾斯迪斯那樣哭喊：「太太太過分分了，啊啊啊啊啊、啊啊啊啊啊、啊啊啊啊，喔喔喔喔喔喔！」這樣一來，母親可能會覺得「她該不會有產後憂鬱症？那還是不要太刺激她」，就會因此收斂一點。不使用喜怒哀樂中的「怒」，而是用「哀」來表達情緒，對方反而會擔心妳，而變得溫柔體貼。大哭之後自己也會覺得心情輕鬆多了，有助於消除壓力，所以感到壓力很大的時候，不妨好好大哭一場。

說到金田一，我這一代聯想到的不是傑尼斯偶像演的電視劇，而是石坂浩二飾演的金田一耕助。我想要在內心養一隻白額高腳蜘蛛，避免自己成為惹人討厭的阿姨。

「都是妳不好，都是妳的錯」

施加精神暴力的家暴男

這一節要寫的是對妻子或伴侶有暴力行為的男人。

雖然我很想介紹一招打敗家暴男的必殺技，但要分辨家暴男其實很困難。如果敵人現身表示「我是家暴男！」就可以用股間光殺炮瞬間殲滅他，不過最好的方法還是遠離這種男人，想要尋求刺激的女人不如去吃古早味的爆炸糖[7]，不知道什麼是爆炸糖的人，可以向周圍的中年人打聽一下。

很多女生明明想要尋找能夠對等相處、相互尊重的伴侶，卻偏偏挑到家暴男，這是因為能夠一眼看出來的家暴男其實只佔少數。 每次發生家暴事件，左鄰右舍都會說「沒想到那個人會家暴」、「她老公看起來很溫柔體貼」，由此可見，家暴男

---

7. 譯註：原文為「ドンパッチ」，一種碳酸糖果，在嘴裡融化時會產生氣泡，製造出特殊的口感，現已停產。

在別人面前很會偽裝，更棘手的是，他們大部分都是突然才獸性大發。

我聽過好幾個女性朋友分享，原本以為是理想情人的男朋友，在結婚或是生孩子後竟然就變成了家暴男。

我也曾發現一個男性朋友原來是家暴男，讓我很受打擊。

他是我認識了 10 年的朋友，個性溫和、待人親切，大家都認為他是一個優秀的年輕人，和他交往 3 年的女朋友也說他都會自己下廚，做的菜又很好吃，讓我忍不住欣慰地瞇起眼。但在奉子成婚後，他卻立刻搖身變成了家暴男，還在年幼的孩子面前對妻子動粗。這個標準的家暴男不願意出生活費、把育兒的事全丟給妻子，卻在外人面前裝成整天惦記著孩子的育兒帥爸。

原來他是一個只愛自己、只想滿足私慾的家暴男。當我親眼目睹這件事發生時，忍不住像進擊的隊長般放聲大哭：「我竟然沒有識破他 !!」

家暴男為了得到獵物，都會先扮演理想的男朋友，當確信獵物「已經完全落入手掌心，沒辦法逃脫」後，才會露出本性。太可怕了 !! 這種家暴男往往演技精湛，如果我是經紀公司的老闆，一定會像《玻璃假面》那樣送他紫玫瑰。雖然很難識破他們的本性，但我還是努力思考了對付他們的對策。

・重視不對勁的感覺，尤其必須注意他心情不好時的表現

即使家暴男平常表現得溫柔體貼，但在他心情不好時往往可以窺見本性。這種時候，女性總是會往好的方向解釋，「人無完人，他只是今天心情不好，平時的他才是真正的他」，但其實必須重視這種不對勁的感覺。

要是覺得對方「怪怪的，跟平常不太一樣」，就要懷疑他可能「搖身變成家暴男」。儘管聽來有點刺耳，但有時候具備防人之心才能保護自己。

・要注意完美情人

和家暴男分手的女生都會異口同聲地說：「剛開始交往時我還很感動，想不到自己能夠遇到這麼理想的對象。」正因為戀愛和婚活之路都走得很辛苦，所以才會覺得「終於找到了理想中的白馬王子!!」，萬萬沒想到其實是家暴男趁虛而入、扮演理想的白馬王子——我真想把紫玫瑰塞進他們的屁股。

家暴男很懂得運用各種假面具，專門針對女人的弱點下手。比方說，遇到容易讓男人敬而遠之的職場女強人，他們就會戴上思想開放、個性體貼的男友假面具說「我覺得妳在工作上很努力，所以很尊敬妳」、「妳是不是累了？妳先休息，我來煮飯」。雖然聽起來很小心眼，但我還是想向各位呼籲「遇到完

美情人時必須格外小心」，因為家暴男都舌粲蓮花，可以面不改色地說一些甜言蜜語和稱讚的話，這種時候最好懷疑：「他會不會太完美了？會有這麼好的事嗎？」

・著急是最大的敵人

家暴男並不是隨時隨地都能夠發揮完美的演技，有時候會不小心露出破綻，那些和家暴男分手的女生都說：「雖然有時候會感到不太對勁，但因為急著結婚，覺得錯過這個人就沒有下一個了，於是假裝沒看到。」

在選擇另一半時，著急是最大的敵人。一旦著急，就會像溺水的人那樣，即使是大便也以為是救命稻草，而且還當成閃閃發亮的鍍金大便，所以千萬別錯過他們的鍍金剝落的瞬間，要直視現實，像《JoJo 的奇妙冒險》中的布魯諾·布加拉提一樣懂得分辨：「這個味道！……是大便的『味道』……。」

結婚只是一個箱子，箱子內放的是 50 年的共同生活，如果以為得到這個箱子就可以獲得幸福而不加思索地撲上前，等待妳的可能是 50 年狗屎般的生活。為了保護自己的人生，必須睜大眼睛好好看清楚，向家暴男說拜拜。

• 結婚前先同居試婚

儘管突然性情大變的家暴男不容易識破，但如果 24 小時生活在一起，對方總會露出馬腳。「為了分辨他是不是家暴男，我們約定同居試婚一年」、「在同居期間雖然會吵架，也有意見不合的時候，但我在確認每次都能夠對等溝通、解決問題後，認為這個人沒問題，才決定結婚」，和我分享這些事的女人至今仍然過著幸福的婚姻生活，她們都做好了「一旦發現對方是家暴男就立刻分手」的心理準備。

在戀愛和結婚的路上一路顛簸，好不容易邂逅的理想對象竟然是家暴男，遇到這種屋漏偏逢連夜雨、船破又遇頂頭風的狀況時，女人經常會往好的方向解釋，認為「他結了婚之後或許會改變」，我非常能夠理解這種心情。

但基本上，家暴男不會改變。只有當他失去一切而感到絕望、真心想要痛改前非時，才能夠有所改變，所以不分手卻期待對方改變，那根本是不可能的事。

我希望想要尋找另一半的女生都要先讀一下《「冷暴力」大全》這類入門書，瞭解家暴男的特徵和手法，然後我也想用毛筆寫下「壞男人都會利用女人的優點」，張貼在全國寺廟的公告欄。

我那些和家暴男分手的女性朋友都很優秀，跟自私自利的家暴男完全相反，很願意捨己利人，大部分都「希望能夠對別人有所幫助」，也許就是因為這樣，才會被家暴男的雷達捕捉到「發現了願意犧牲奉獻的女人!!」。

男尊女卑是家暴男的思想根源，他們認為「妻子是丈夫可以支配的所有物」、「女人有義務聽男人的話、照顧好男人的生活」。他們的認知很扭曲，認為妻子服從自己是天經地義，照顧自己的生活、滿足自己的欲求也是理所當然，所以當妻子無法順他的意，他就會大發雷霆，認為自己是權利被剝奪的受害者。

我很想把爆炸糖塞進這種厭女渣男的屁股，只可惜現在爆炸糖已經停產了，我上網查了之後，發現一種類似的商品叫「跳跳糖」，那就把跳跳糖塞進厭女渣男……算了先不說這個。

高學歷、高收入的高社經地位女性或是眾人眼中高不可攀的女性，都很容易成為家暴男下手的對象。她們以為對方心胸開闊、不會被自己的高社經地位嚇到，因而開始交往，沒想到對方其實是自我陶醉的自戀狂家暴男，把另一半當成戰利品，認為：「我能釣到這麼高高在上的獵物，簡直太厲害了！」這種事時有所聞，令人不勝唏噓。

一旦發生這種事，最痛苦的就是被害人。正因為當事人往往最自責，也會因此失去自信，所以周圍的人千萬不要再責怪她「妳為什麼會看上那種男人？」、「妳看男人的眼光也太差了」。這些受騙的女生都有一顆善良的心、願意相信他人，那些招搖撞騙的家暴男才應該遭到譴責。

為了避免成為這些家暴男的獵物，平時不妨盡量表現出「我不會為他人犧牲奉獻，我不會是賢妻良母」的人設。

「我才不會倒貼男人！我向來把自己的興趣愛好擺第一」、「下廚？我完全沒興趣。先不說這些，我最近在追的偶像……」，觀察周圍就可以發現，家暴男不會對這種類型的女生出手。除此之外，強調自己不服從的態度也很有效：「我向來不會忍耐，討厭的事就會直截了當說出來，如果有人敢打我，我一定加倍打回去！」要是想找到對等相處、相互尊重的另一半，不妨明確表達：「我無法接受大男人主義和男尊女卑這種事！也沒辦法和不會照顧自己的人一起生活！」

女性最需要瞭解的，就是不慎遇到家暴男時該怎麼脫身。從結論來說，尋求專業人員的協助是最佳方法，這是我聽了朋友 M 小姐的故事後深刻的體會。

M 小姐因為從小受到家暴，留下了心靈創傷，為此深受折

磨。沒想到原本設身處地關心她、成為她心靈支柱的男朋友，也在訂婚後變成了家暴男，不僅惡言惡語否定她的人格，還持續施加精神暴力，整天對她說「都是妳不好，都是妳的錯」，雙方根本無法溝通。她被逼得走投無路，在支援家暴受害人的團體協助下，才終於順利離開了家暴男。

支援團體的工作人員都是充分瞭解家暴男特徵和手法的專家。一般人很容易勸被害人：「妳要不要和他好好溝通一下？」但如果是有辦法正常溝通的對象，就根本不會這麼痛苦，被害人聽了這種勸說往往會感到絕望，認為「別人果然無法瞭解」、「即使和別人商量也是白費力氣」，於是越來越孤立。

而且家暴男很會用逼真的演技偽裝成被害人博取同情，普通人很難對付。他們在家暴後都會流著眼淚說：「我無法原諒自己對妳做了這種事。」但這樣的拿手好戲只是因為不想失去自己的所有物而裝出來的，對家暴男缺乏免疫的普通人卻會誤以為他也很痛苦，正深刻地反省。

如果不是處理這類問題的專家，很難打倒這種怪獸，所謂術業有專攻，只有家暴專家才能對付家暴男。

M 小姐說：「和家暴男在一起，會漸漸失去自尊心，無法做出正常判斷，所以我全交給支援團體去交涉，終於順利分手。」由專業的第三者介入，也有助於預防加害人的不當行為。

當別人一直說「都是妳不好，都是妳的錯」時，我們就會漸漸被洗腦，覺得自己可能真的有問題，甚至失去逃跑的力氣，所以周圍的人千萬不要指責被害人「為什麼不離開」，而是要主動介紹支援團體，建議被害人「和他們聊看看」。只要用「家暴 ○○縣市」的關鍵字上網搜尋，就可以找到各地的家暴防治中心或民間的支援團體，但小心不要找上奇怪的宗教團體或是靈性團體。

　　希望更多人知道這些可以向被害人伸出援手的支援團體，要是有像漫威的《制裁者》那樣的制裁者，不知道該有多好。因為許多家暴男至今仍然逍遙過活，想到可能會有新的被害人出現，我就不寒而慄。

　　我一直夢想可以建立一個「前女友和前妻的資訊共享資料庫」，如果有人開發出這樣的軟體，那麼實在值得獲頒諾貝爾獎，但這種資料庫要實際應用應該很難，而且我也沒有像制裁者那麼強大的戰鬥力，所以只希望持續寫作的專欄能夠發揮一點作用，然後還要大買特買「跳跳糖」。

「我想和太太離婚，和妳結婚」

只為滿足私慾的外遇男

　　這輩子走到今天，曾經有很多人和我商量外遇的問題。

　　這些大部分都是和已婚男人交往的未婚女性，她們告訴我「他說會和太太離婚，然後和我結婚」，但實際上根本沒有人真的離婚和這些女生結婚，十之八九都在陷入泥沼後分手，導致女生深受傷害，有人甚至因為被元配發現而請求精神賠償費，也有的女生因此不得不辭職。

　　外遇男中不乏會睜眼說瞎話的王八蛋，說什麼「我和太太已經很多年沒有性生活了」，但其實他太太早就回娘家待產。我曾經見識過無數這樣的地獄，所以很想對這些女生說「聽我一句勸，千萬不要當小三」。

　　我雖然闖過不少禍，但從來不會和已婚的男人搞外遇，因為我覺得這種事「好處全被男人撈走，只有我一個人吃虧」。

　　已婚男人在保有家庭這個安全地帶的同時，還可以享受戀

愛的心情和性愛，又能滿足男人的自信，讓他認為自己在戀愛市場上還有行情，簡直太爽了。在這種不對等的關係中，嘆息怎麼可能變成白玫瑰！要是不知道「嘆息變成白玫瑰」這句話的意思，可以問問周圍的中年人。[8]

有些女生起初也是輕鬆地看待這種關係，覺得只是偶爾約會、偶爾玩玩刺激的遊戲，自己只享受其中的好處就好，但之後卻越陷越深。有人說外遇甘如蜜，然而真面目其實是毒藥。

腦科學方面的書籍中曾提到，腦內荷爾蒙會讓人「越是得不到的越想要」、「容易依賴不穩定的狀態」，由於威力很強，於是越陷越深上了癮，最後無法自拔。

加上外遇是不穩定的關係，所以也會產生吊橋效應。萬一被發現怎麼辦？不知道什麼時候會分手？這類不安會讓人誤以為是「戀愛的感覺」或「怦然心動」，但說白了，這種感覺和「萬一有小偷闖進家門怎麼辦（撲通撲通）」沒什麼兩樣。

反過來說，當關係穩定，戀愛的感覺和怦然心動自然而然會減少。

---

8. 譯註：「嘆息變成白玫瑰」是日本歌手小林明子所唱的《墜入情網》這首歌的歌詞，描寫了一個愛上有婦之夫的女人心情。

　　婚姻是夫妻共同面對家事、育兒、照護、房貸這些日常生活，外遇卻可以純粹享受戀愛和性愛這些美好閃亮的非日常生活，所以很多女人會產生錯覺，誤認為「是命中註定的戀愛」。

　　在拙著《阿爾黛西亞的深夜女子會》中，我和作家 Papuriko 有以下的對談：

　　「（成為第三者的女生）通常都是希望擺脫無聊的日常生活，那麼外遇不就是能夠體會非日常的生活最簡單的方法嗎？要是普通男朋友來家裡做愛之後就走人，女生會覺得『他不愛我』，但如果是外遇，就會覺得『他千方百計擠出時間只為了和我在一起……』，不由得陶醉在這種戲劇化的感覺中。」

　　加上大部分女人並不願意接受這種只對男人有利的不公平關係，外遇男為了不讓女人離開，就會猛獻殷勤，由於內心有罪惡感和愧疚感，所以會對女人格外溫柔、格外寵愛。

　　外遇男會說甜言蜜語、安排美好的約會，或是送長頸鹿倒立的耳環⁹，就像祖父母買零食給孫子一樣。那並不是愛，只是不負責任的自我滿足。

---

9. 編按：出自日本樂團 JITTERIN'JINN 的《禮物》這首歌，描述的是第三者的心情，歌詞中「長頸鹿倒立的耳環」便是第三者收到的禮物之一。

女人一旦習慣了這種交往方式，就無法再和同世代的單身男子談戀愛，在嚷嚷著「沒有心動的感覺」、「總覺得不太滿意」之際，錯過了結婚的時機，才後悔「早知道不應該愛上有婦之夫……」。

　　「我很慶幸自己當了小三！」、「我成長了很多！」、「當小三讓我的自信爆增！」，雖然應該也有這種女人，但這只是很稀少、很幸運的案例，希望不會有女人真的相信「我靠炒外匯賺了兩兆圓！」之類的故事，然後墜入地獄……南無。

　　貧僧之所以開始唸經，正是因為看過太多身心受到極大傷害的女人，還有人因為愛上了不該愛的人痛苦不已，誤信邪教，連朋友都離她而去。外遇男撒謊就像呼吸一樣，善良溫柔的女人往往深受欺騙，因為她們不會騙人，所以沒有發現那些狡詐的男人會輕易欺騙別人。

　　有些男人根本不想破壞自己的家庭，卻若無其事地說什麼「我已經和太太分居，很快就會辦妥離婚手續」，也有男人會謊稱「我和太太早就沒感情了，但因為這樣那樣，目前還無法離婚」，甚至還有捏造「我的孩子或家人生病」這種理由的王八蛋，實在讓我很想把他們碎屍萬段，看看他們的血究竟是什麼顏色。

然而，那些善良溫柔的女人卻聽信了男人的胡說八道，什麼「沒有妳我就活不下去」、「真希望可以更早遇見妳」，讓女人一心「想幫他度過難關」。

她們也會相信男人說的「我太太絕對不可能知道」這種話，但是只要做太太的認真想要查，不可能完全不知情。我曾經聽那些掌握了丈夫外遇證據的元配說「我是從他手指的動作解讀出他手機的密碼」、「我用了可以恢復已刪除資料的軟體」，我猜想 CIA 應該會挖角這些元配去當間諜。還有元配會請徵信業者找出外遇證據，並語帶佩服地說：「專業的偵探果然很厲害。」世界上沒有絕對不會曝光的外遇，可別像某女星一樣，外遇被發現後，還在 LINE 上用自創的英文「sentence spring」來代表曝光他們外遇事件的《週刊文春》。

一旦被元配發現，外遇男翻臉就比翻書還快，元配向第三者請求數百萬精神賠償費的案例並不在少數。

雖然這篇文章簡直就像地獄，但我還是想介紹一下避免女生墜入這個地獄的對策。避免陷入婚外情的最好方法，就是不要成為外遇男的獵物，可以按照第 126 頁所介紹的方法，**平時就主張自己是反對外遇的強硬派**，杜絕隱瞞已婚身分的男人。我經常聽說女性被隱瞞已婚身分的男人欺騙的案例，所以一定

要表現出一旦遇到狀況、不惜告上法庭的態度。

　　我大學剛畢業時任職的那家廣告公司管理很鬆散，經常有已婚男人約我，下面我就來介紹在菜鳥時期遇到的一個自以為是《在世界的中心呼喊愛情》男主角的「世界中心男」。

　　他是另一個部門的經理，有次約我去喝酒，當時還是菜鳥的我無法拒絕。和他一起去喝酒時，他提到：「我第一次看到妳的時候，心臟都快停了……。」然後開始說我很像他學生時代的初戀情人，不過那個初戀情人後來得了白血病死了。

　　他邊說這些事還邊流淚，我不由得佩服他居然可以為了騙砲掉眼淚。我對他說：「您不要太難過了，明天一早還要上班，我先回去了。」準備回家時，他卻一把抱住了我，陷入「在世界的中心呼喊愛情」的狀態說：「妳要救救我!!」我拚了命抵抗，告訴他真的不行，於是他問我是什麼血型，我回答 O 型，他竟然生氣地說：「我就知道，我向來和 O 型的女人合不來！」

　　要是現在，我會拿出 Gretsch 狠狠砍向他的胸前，但 22 歲的我沒這種勇氣。早知道我至少應該發揮女明星的演技，拿起小毛巾放進嘴裡說「我從來沒吃過這麼好吃的東西」，把他嚇個半死。

　　在那家廣告公司，已婚男人招惹大學畢業剛到職的女生是

春天常見的景象。我實在很受不了，這家公司難道是發情動物園嗎？但是說這種話對動物未免太失禮。

這些男人專門鎖定年輕女人，只是為了自我滿足，覺得「我可以把到這種獵物，實在太厲害了」、「我還是很有男性魅力嘛」。**他們把女人視為獵物，女人於是成為這種厭女價值觀的犧牲品，遭到了利用。**

他們宣稱「男人有四處播種的本能」，既然這樣，就應該堅持到女人生孩子和育兒，也有人會說「男人有狩獵的本能」，那就去申請狩獵證照，上山打獵，然後祝他們被棕熊吃掉。

那些拿本能當藉口的人都很無腦，要是遇到這種人，用「我耳朵今天放假～～」[10] 裝沒聽到就好。不知道「耳朵今天放假」是什麼意思的話，可以問問周圍的中年人（略）。

但有一些年輕女生偏偏會落入「世界中心男」那種已婚者的圈套。

她們往往容易誤會「年長的男人＝工作能力很強＝值得尊敬＝和他在一起能夠成長」，又基於上司不可能打下屬的主意這種常識，反倒以為「他克服了這麼大的障礙追求我，一定是

---

10. 編按：源自 1980 年代前期日本相聲二人組 The Bonchi 的段子。

真愛（心動）」。為了避免這種錯覺導致自己陷入婚外情的泥沼，女人應該把「別相信男人的話，要根據他們的行為來判斷」這句警語刻在腳底。

男人說「妳是我的最愛」這種甜言蜜語比放屁更簡單，未必真的會好好珍惜，即使身旁睡了另一個女人，也可以用一根手指傳 LINE，說什麼「我想永遠和妳在一起」。只不過女人一旦陷入婚外情的泥沼往往很難自拔，所以不妨拜託朋友「如果我愛上了有婦之夫，請妳用 Gretsch 把我打醒」。

也不妨和朋友一起聽昭和年代的婚外情歌曲，盡情吐槽。

聽到《墜入情網》中的「轉動電話的轉盤，卻還是停下手～♪」，就吐槽：「竟然還是轉盤式的老古董黑色電話！」對《愛人》這首歌中的「即使不能一起公開走在街上，我也甘願做一個等待的女人♪」，則可以吐槽：「整首歌都在為男人說話！」然後和朋友一起大笑「婚外情已經落伍了」。

只要每天的日子過得愉快，就不會期待別人帶自己走出無聊的日常生活，因為這個世界上除了戀愛和性愛，還有很多更快樂的事。

「也有女人被搭訕很開心啊」

糾纏不休的搭訕男

當我和女性朋友聊起「被搭訕很可怕」時，大家都猛拍大腿表示同意：「沒錯！超可怕！」

比方說，在住家附近被搭訕時，很害怕對方「會一直跟蹤，得知自己住在哪裡」。我二十多歲時曾經被人一路從車站跟蹤到家門口，還遇過一個男生在租的公寓門口叫住了我，嚇得我差點閃尿——如果是現在四十多歲時遇到，絕對會真的閃尿。

「我在搭電車時被搭訕，即使下了車，對方仍然跟著我，我擔心他會一路跟到家裡，於是就走去派出所」、「曾經有個男人從附近的便利商店騎腳踏車一路跟著我，我還以為他會殺了我」。很多女生都有過被搭訕而心生恐懼的經驗，也很害怕「一旦拒絕，對方會惱羞成怒而傷害自己」。

前年日本發生了一起男藝人在便利商店搭訕女生，遭到拒絕後火冒三丈、進而動粗的事件。我周圍也有女生因為拒絕別人的搭訕而被撞倒或是被打肚子的案例，還有很多人因此被痛

罵「王八蛋！」、「醜八怪！」等。

男人可能看不到這些女人受到危害的世界，每次聊到被搭訕的話題，就有男人說：「妳是在炫耀自己行情很好嗎？」在鬼島日本，有再多血管也不夠爆，甚至會有酸民說什麼「也有女生被搭訕很高興啊」，我很想反問：「那又怎麼樣？」即使有女人因為被搭訕感到高興，**也無法改變有其他女人因為被搭訕而心生恐懼的事實。**

在鬼島日本，當女人提高警覺，就會被指責是「自作多情」，一旦受害，又會被罵：「為什麼不懂得保護自己？」在這個不責怪性暴力的加害人卻譴責被害人的國家，女人真的必須靠莫霍克髮型和帶刺墊肩武裝自己嗎？如果女人連自己喜歡的打扮都必須放棄，日本就真的變成不折不扣的鬼島了。

雖然要求女人必須保護自己的現狀令人生厭，但也有女性朋友分享「自從我在通勤路上戴口罩和墨鏡後，就沒有再遇過搭訕和色狼」，所以提供給各位參考。

如果在路上被男人搭訕該怎麼辦？

男：「要不要去喝咖啡？」

我：「我要去上班。」

男：「妳是做什麼的？」

我：「我是警察。」

這種**警察回應法**應該可以順利擊退搭訕男，也可以用來對付各種推銷，不妨記在心裡。

還有女性朋友分享遇到搭訕男時，回答「我正要去男朋友家」，對方就會知難而退，但我曾經有次回答「我要回家，老公在家等我」時，對方仍然糾纏不清，說什麼「沒關係啦，我們一起去喝酒」，甚至有個搭訕男對我的女性朋友說「妳老公也在和其他女人玩啦」。

難道我們必須隨身攜帶木棍，才能擊退比殭屍更死纏爛打的搭訕男嗎？但帶木棍出門太不方便了，所以不妨用手機隨便打給一位朋友演戲說：「我馬上就到了。」

也有人說「我會假裝聽不懂日文」，當回答「Sorry ？」或「Pardon ？」，大部分搭訕男就會打退堂鼓。

「呃⋯⋯你身後的女人看起來很生氣，沒關係嗎？」也有女性朋友分享這種裝神弄鬼回應法，嘀咕著「我有陰陽眼⋯⋯」，讓對方心裡發毛，或是帶著烏鴉出門，增加靈異感。

此外還有女性朋友分享了在餐廳、書店、健身房和新幹線被搭訕的經驗。

我也曾經在酒吧被男人搭訕，對方主動請我喝了一杯酒，

當我準備離開時，他竟然惱羞成怒地說：「我請妳喝酒，妳竟然對我不理不睬！」我當時很想把酒倒在他頭上說：「我又沒有叫你請我喝酒，何況區區一杯酒就想叫我陪你喝，未免想得太美了。」但我害怕他動粗，所以不敢有任何行動。

有位女性朋友曾在酒吧被兩個男人搭訕，對方不但開了一大堆黃腔，最後甚至說什麼「當女人真好，還可以賺皮肉錢」。聽到她說「我酒沒喝完就離開了，回到家後很不甘心，忍不住哭出來，覺得自己為什麼要受這種氣」，我不禁邊流淚邊拍大腿表示贊同。

雖然我很想大罵：「髒東西就必須徹底消毒～!!」然後拿酒精含量高達 96% 的「生命之水伏特加」倒在這些渣男身上、對他們噴火，但是在現實生活中還是只能忍氣吞聲。我們為什麼會遇到這種事？只因為我們是女人？這種情況真是令人感到絕望。我和老公一起去喝酒時，從來沒有發生過不愉快的事，但自己一個人或是和女性朋友一起去喝酒，卻好幾次都遇到衰事。

一位住在英國的女性朋友對我說：「雖然在英國也會有男人在路上搭訕，但只要拒絕，對方就會知難而退，不過在日本，卻經常有男人會惱羞成怒地開罵：『少臭美了！』」

那些男人覺得女人本來就應該為他們服務，否則就會惱羞

158

成怒，好像自己的權利被剝奪了。我想對所有生活在鬼島日本的女性說：「**妳自己有權利決定要不要和別人說話。**」

我是在自家附近的酒吧認識我老公的，聊了鋼彈的話題後成為了朋友，雖然他當時穿得很邋遢，卻很尊重我，而且和他聊天很開心。如果對方不尊重女人，那麼女人也沒必要尊重他，更沒有義務陪他聊一些無趣的話題，但即使討人厭的老男人向我搭訕，我也沒勇氣對他說：「煩欸，閃一邊去。」因為我怕對方會報復。

因此我通常會回答：「不好意思，我正在工作。」然後開始滑手機，看偶像的影片。追星是很重要的工作，所以我並沒有說謊。希望每個女人都能發揮「我為什麼要服務你們！」的氣魄，捍衛自己的權利。

也有女人向我表示「那些假裝問路、實則搭訕的男人最可惡，竟然利用別人的好心」，雖然很想親切待人，但因為無法分辨對方到底是正人君子還是卑鄙小人，所以必須提高警覺。

一位女性朋友曾在車站被男人叫住，一時全身緊繃，但對方親切地告訴她「有一隻金龜子在妳的肩膀上」，低頭一看，還真的有一隻金龜子，而且那人還幫她拿了下來——雖然社會上也有這種親切的人，但因為在日常生活中有太多不好的經驗，

所以才會不由得緊張。在鬼島日本，正是一部分惹人厭的男人扯了大部分正派男人的後腿。

女人不是金龜子或椿象，無法噴出毒液，所以我會隨身攜帶甚至足以擊退棕熊的防狼噴霧自我保護。我向一位男性友人提起這件事，他卻露出不懷好意的笑容說：「原來妳這麼常被攻擊，呵呵。」讓我很想用防狼噴霧噴他。那些把性暴力當黃色笑話講的人，下輩子不是金龜子就是椿象，沒有第三種選擇。

我讀大學的時候，在放學回家的路上，有一輛車子突然停在我面前，兩個男人走下車，嚇得我立刻拔腿狂奔，不顧一切地跑到車站，打電話給朋友請他來接我。我至今仍然無法忘記當時的恐懼，每次看到女人被綁架後遭到殺害的新聞，就想到那次如果不是逃得快，恐怕就是自己上新聞了。

曾經有位女性讀者告訴我：「我在讀中學的時候，有天放學回家走在路上被兩個男人叫住、拉住了我的手臂，這件事造成了陰影，現在只要有男人靠近，我就會情緒失控。我知道自己這樣根本不可能戀愛或結婚，所以早就不抱希望了。」

但願所有男性不要輕視這件事，覺得「只不過是搭訕而已」，必須理解女人害怕可能遭到殺害的恐懼，知道有女人因為這種心靈創傷而痛苦不已，同時思考自己能夠做些什麼。

正如我在第 128 頁中提到的，我當初就是帶著這種想法，製作了「＃不要對性暴力視而不見」這部影片。

現實生活中不可能完全沒有性暴力，但任何有正常判斷力的人都會希望減少性暴力。只要這些人都能夠發聲，就可以改變這個世界，相反地，如果認為「和我沒有關係」，這種冷漠就會助長性暴力。

雖然也有酸民會說「如果不是當場抓住加害人，根本沒有意義」，但只要關心一下被害人，問她：「妳還好嗎？」就可以讓被害人安心，同時拉她一把。

一位女性朋友告訴我，她二十多歲時曾經在一家 Live house 被一個男人搭訕，對方一直纏著她，她正感到不知所措時，有個女人走過來對她說：「好久不見，最近還好嗎？」結果搭訕男就摸摸鼻子走開了。她向那個女人道謝時，對方還笑著對她說：「不客氣，玩得開心點。」

「那次的經驗帶給我很大的勇氣，我當時就下定決心，也要成為一個能夠幫助其他女人的人。」聽了她的話，我忍不住雙手合十：「女人的團結力量太了不起了。」

我也想要積極把側跳當作想像練習，希望在緊要關頭能夠採取行動。

「確認性生活合不合很重要」

謊話連篇的騙砲男

　　我寫戀愛專欄多年，經常聽到女人被騙砲男玩弄的故事。「我愛上一個男人，結果他和我上床後就拋棄了我」，或是「我想和對方交往，但他只把我當砲友」，每次聽到這些受了傷的女人傾訴她們的煩惱，我就很想「把所有騙砲男集中在一起，放把火將他們燒個精光」，真希望有專治騙砲男的神社可以舉辦這種活動，並販賣可以封印這類玩咖的封條。

　　如果男女雙方都同意只當砲友，當然完全沒有問題，但大部分騙砲男都會說謊，用「我喜歡妳，想和妳交往」之類的謊言欺騙女生，達到騙砲的目的。

　　在騙砲玩咖寫的教戰手冊中有「要努力表現出真心想和對方交往的樣子」、「鎖定缺乏戀愛經驗的女生下手」、「約會軟體上有很多急著想結婚的女人，很容易上鉤」之類的內容，完全是詐欺犯的算計。

某本教戰手冊上還寫著「把對方灌醉，讓她失去判斷力就可以得手」，這種簡直像是強暴指南的內容，竟然可以光明正大地在市面上販賣。我真想變成陰陽師，專門消滅這些在夜晚出沒的騙砲男，但我記不住陰陽師的九字真言，所以只能在這裡寫下設置結界、避免騙砲男接近的方法。

現在有很多人都透過交友軟體結交新朋友，偏偏網路上有很多妖魔鬼怪，因此**表明「自己無法隨約隨到」對拒絕騙砲妖怪很有效**，因為他們都在找可以馬上見面的女生。

在自我介紹欄內則可以寫上「我想找真心交往的對象，一認識就馬上見面有點可怕，所以希望多聊幾次，彼此充分瞭解之後再見面」，那些騙砲男看了就會覺得「好麻煩，這個人沒辦法馬上得手」。

但這樣的自我介紹卻能讓想要尋找真愛的男人感到安心，畢竟男人上網交友也很怕遇到槍手或是直銷，所以這可以說是雙贏的方法。如果男方一直說「不見面怎麼瞭解彼此」，就要提高警覺，基本上，遇到無視自己而一味提出要求的人，都必須心存懷疑。

第一次約會時，不妨提議在白天喝咖啡或吃午餐。騙砲男都在晚上出沒，所以遇到宣稱「白天不太方便，我們晚上一起

去喝酒」的男人，就要格外注意。

　　比起在現實生活中遇到的騙砲男，在網路上其實更好分辨，也更容易封鎖對方。我周遭有不少女生透過交友軟體認識了另一半，因此我認為這是很有效率的交友工具，希望各位能夠在做好風險管理的基礎上靈活運用。

　　要是在現實生活中遇到騙砲男該怎麼辦？

　　曾經有個男諧星在節目上說：「如果想約砲，當然要對女生說很喜歡她、想要和她交往啊，哈哈哈！」其他男諧星也都笑著聽他說，但如果是女諧星說出這種話，恐怕就會遭到排擠。這個男性社會對騙砲男很寬容，甚至會稱讚：「能夠和這麼多女人上床也太猛了！簡直太讓人崇拜了！」

　　為了避免成為騙砲男的目標，瞭解他們的特徵和手法很重要。經驗豐富的女人都知道「積極展開攻勢、很會玩、很懂女人心的男人最可疑」，會立刻豎起妖怪天線防備，但戀愛經驗不足的女生天線的敏銳度不高，尤其當對方很強勢時往往難以拒絕，所以一定要把以下這些騙砲男的特徵記下來，貼在冰箱上的水電行貼紙旁。

· 舌粲蓮花

第一次見面就聊得很投機，會巧妙地引導話題，還會挑女生喜歡聽的話，暗示「我不會隨便追求女生，而是妳很特別」，這種類型十之八九是騙砲男，千萬不要傻傻地動心。

· 經常碰觸女生的身體

這種類型的人會用各種方式碰觸女生的身體（也有很多玩咖會使用看手相或按摩這種老掉牙的手法）。為了方便毛手毛腳，還會帶女生去隱密的場所，因此要避免去 KTV 包廂、居酒屋包廂或車內等會單獨相處的地方。

· 開黃腔、聊性事

刻意將話題引導向性事或是開黃腔，如果對方問妳和幾個人上過床或是性癖好，就要擺出普丁臉回答：「這是性騷擾。」

· 想要灌酒

正人君子不會試圖灌醉女人，如果對方不斷勸酒，或是不停把整瓶葡萄酒倒進妳的杯子就要特別小心。要是對方強行灌酒，就擺出普丁臉說：「這是灌酒騷擾。」

‧ 假裝不小心錯過末班電車

「沒車了，該怎麼辦？」假裝不小心錯過末班車也是騙砲男的慣用手法。避免這種情況的最好方法，就是事先設定好鬧鐘，先發制人地說：「末班車快到了，我要先回去了。」如果對方仍然不放人，就騙他說：「今天我爸爸來我家，如果我沒有在 12 點之前回家，他會殺了我。」

‧ 想去開房間或是去家裡

即使是騙砲男，也無法在公共場所就直接撲向女生，所以無論如何都會騙女生一起去開房間或是去他家。「我有點不舒服，想去飯店休息一下」、「我想給妳看工作的資料，妳跟我回家」，無論對方用什麼藉口都要明確拒絕，千萬不要菩薩心腸，覺得自己怎麼可以懷疑對方，這樣很對不起他，而是要露出晚娘臉騙他：「我爸爸會殺了我。啊，我爸打電話來了。」

這種人還會說什麼「那我搭計程車送妳回家」，試圖跟著女生回去。即使對方堅稱是同一個方向，一旦被他知道住在哪裡還是很危險，所以一定要堅定地拒絕。

騙砲男的教戰手冊中寫著「即使被拒絕也不要輕言放棄，只要死皮賴臉、死纏不放，就可以成功把女人帶上床」，還寫

著「因為不想讓男人覺得輕浮，所以女人會假裝不願意」，甚至介紹了「不由分說地抱住她，用勃起的陰莖頂住對方身體的絕招」，讓人真想怒斥：「惡靈退散！萬劫不復！」把那些髒東西都集中在一起燒光光。因為市面上有這種助長性暴力的教戰手冊，所以偶爾會有一些十幾歲的男孩子問我：「真的可以這樣嗎？」、「即使女生不喜歡，也要強硬一點比較好嗎？」

　　日本關於性合意的教育原本就很落後，在歐美國家，都認為「除了明確的 YES 以外一律是 NO」，但在日本，「除了明確的 NO 以外一律是 YES」的價值觀根深柢固，有些男人認知扭曲，還以為女生都是口嫌體正直，「嘴上說不要，身體卻很誠實」。面對這種人，光是說「不」根本無法發揮作用，必須粗聲粗氣地嚷著：「我要報警囉！」然後從皮包裡拿出短刀——不，是拿出手機，一旦察覺危險，就要毫不猶豫地撥打 110 報警。

　　前面介紹了顯而易見的騙砲男範例，**但我們也要注意那些不容易分辨的、偽裝草食系的騙砲男**。這些人並不是輕浮的肉食系，偏向老實的草食系，「外型不起眼，態度也很靦腆，感覺很值得信賴」，但是當女生靠近時就會落入他的魔爪，看起來和寒酸的腐屍花沒什麼兩樣。

他們偽裝成草食系引誘獵物靠近，在吃乾抹淨之後，還為自己留了後路，說什麼「明明是妳主動的」，要分辨這種狡猾奸詐的偽草食系，關鍵在於不能聽其言，而是必須觀其行。

　　這種人都會裝得很老實，假裝自己缺乏戀愛經驗，謊稱「我至今為止只交過兩個女朋友」、「我只對認真投入的戀愛有興趣」，但真正老實、缺乏戀愛經驗的男人才不會和還沒開始交往的女生上床。「不聽其言而觀其行」這句話很重要，記得在水電行廣告單背後多抄幾遍。

　　「我從小到大，從來不知道什麼是愛⋯⋯。」也有些騙砲男會說這種好像《北斗之拳》中的沙烏剎會說的話。他們會訴說內心深處的心靈創傷（父母不愛他或是以前的戀愛讓他深受傷害等），以「所以我很怕和女人交往」為由騙砲。

　　善良溫柔的女生往往信以為真，認為「他相信我，對我敞開了心房」，但這種想法卻正中敵人的下懷。遇到這種情況時必須保持冷靜，仔細想清楚「既然這樣，要求我和你上床不是很奇怪嗎？」，然後對他使出南斗鳳凰拳宣告：「我才不需要什麼愛!!」

　　這些妖怪不僅想要透過騙砲得到女生的身體，還想欺騙感

情，藉由女生的愛來滿足他們的認同欲求，只想享受卿卿我我的戀愛心情、只想撈好處，一味逃避麻煩的責任。在這種牛鬼蛇神橫行的世界，女人想要自我保護，就必須明確瞭解「自己到底想要什麼？」，如果覺得「我想和他做愛，即使只有肉體關係也無妨」，那就可以和對方上床。

要是覺得「我不想只有肉體關係，想要認真交往」，那就昭告天下「我不會和沒在交往的男人上床」。假使男人抱怨「確認在床上合不合很重要」、「我之前的女朋友都是先上床才開始交往」，就要豎起妖怪天線，因為女人拒絕上床而離開的男人，真正的目的就只是騙砲。

即使不是騙砲男，那些無視女性意見的男人也無法和女性建立平等、相互尊重的關係，輕視性合意的男人尤其危險，所以要發揮「不退縮！不諂媚！不後悔！」的三不原則封鎖對方，將他列為拒絕往來戶。正人君子會尊重女性的意見、配合女性的步調，為了分辨對方是不是正人君子，也必須坦率地告訴他「自己到底想要什麼」。

有些女人被騙砲男傷害後，變得再也無法相信男人。根據統計資料顯示，很多和不特定多數對象有性行為的男人都不戴保險套，簡直就是莫大的生物性危害。

雖然有些人會指責被害人「會被那種男人欺騙的女人自己

有問題」，但有問題的當然是騙子本身，那些女人是太善良才會被壞男人欺騙。因為她們不會欺騙別人，所以也無法理解渣男騙人的心理，遇到那些滿不在乎傷害別人的男人還會大吃一驚，反過來以為是自己有問題。

　　我想告訴這些女人，**並不是妳有問題，而是那些渣男專門利用女人的優點下手，妳不需要因此改變自己的優點，只要瞭解到「有些妖怪專門利用女人的優點」，從中汲取教訓就好。**我也會努力成為消滅騙砲男的陰陽師，用水電行的廣告單召喚式神。

第 **4** 章

善用「語言防身術」拒之千里！

讓「這種人」敬而遠之

「現在的年輕人都太嫩了」

倚老賣老的老屁股

那種會把前日本網球國手松岡修造的月曆掛在家中牆上、一有空就喊著「加油、加油」並勤練深蹲的人，基本上無害。

麻煩的是「強調刻苦耐勞和上下服從關係」，也就是強迫別人接受這種運動社團系態度和思維的人。我曾經聽一位年約三十的女性朋友說：「我的上司就是那種讀書時參加運動社團的運動社團系主管。他不下班別人也沒辦法下班，他說的話大家要絕對服從，每次聚餐都要求所有人一定要參加，後輩必須為前輩倒酒，小感冒不能隨便請假，即使颱風天也強迫大家去上班。」說著說著，她忍不住露出漫畫《三國志》裡漢靈帝的表情說：「真的超痛苦。」敝人雖然屬於就職冰河期世代，但靈魂很自由奔放，所以無法接受這種運動社團系倚老賣老的思維，只要聽到上下關係、斯巴達、刻苦耐勞、不屈不撓的精神這些字眼，耳油就會流個不停。

前幾天又發生了一起流耳油事件。我在酒吧喝酒時，聽到一個熟客在批評年輕人，說「現在的年輕人都吃不了苦，根本不把工作放在眼裡，也不懂規矩」，還擺出一副運動社團系的態度說：「我以前是棒球隊的，可無法原諒這種傢伙。」

我很想對他說：「既然這樣，那你就不要戴手套直接去洗廁所啊。」但我覺得當下也是試試**哲學回應法**的機會，於是對他說：「這樣啊，我大學時參加的是文化類的社團，所以完全無法理解。對了，我的興趣是閱讀，你有喜歡的作家嗎？」

「沒有，我平時不看書。」

「你不看書嗎！古羅馬的哲學家西塞羅曾經說『沒有書的房間如同沒有靈魂的肉體』，你認為呢？」

熟客無言以對，只好去找其他客人聊天。我證明了哲學回應法很有效，心情十分暢快，很推薦各位使用。

多記住一些哲學家的話往往能派上用場。雖然我也搞不懂德國哲學家黑格爾的「密納發的貓頭鷹，要等黃昏到來時才會起飛」是什麼意思，但覺得很帥，希望下次有機會用一下。

當這種運動社團系的人倚老賣老地說「最近的年輕人都吃不了苦」時，可以用竊笑回應法回覆：「慘了，呵呵呵，遇到昭和時代的星一徹 11 了，呵呵呵。」或是一邊看著手機上的

YouTube 影片說：「努力和毅力可以解決一切的精神論嗎？我不太瞭解這種事。」讓對方覺得「世代不同，所以無法溝通」，於是不再囉哩囉嗦。

很多人會像前面那位熟客一樣，用「我以前參加過某某運動社團」這種煩人的話題來搭訕，對自己的口才有自信的女性不妨推一推眼鏡、連珠砲般說：「運動社團的嚴苛訓練和體罰不是很有問題嗎？科學已經證明體罰不僅沒有意義，還會造成反效果，而且根據一項針對 88 個國家、40 萬人進行的調查研究顯示，禁止體罰之後，大幅減少了年輕人的暴力行為，請問你對此有什麼看法？」如果對方問「那是怎樣的調查」，妳就要很不客氣地回答「如果你有興趣，可以自己上網查」，沒必要把時間浪費在這種高高在上地說什麼「那就好好說清楚，讓我能夠接受」的傢伙身上。

對口才沒自信的女性則可以用 **BL 回應法**說：「我喜歡描寫社團活動的漫畫，最愛的配對是《排球少年》的……。」或是轉移話題開始聊貓：「說到運動能力超強的動物，當然非貓莫屬。」如果對方吹噓「我在學時曾經參加過全國高中運動會」，

---

11. 譯註：棒球漫畫《巨人之星》主角星飛雄馬的父親，嚴格訓練星飛雄馬成為以高速球聞名的投手。

建議用誇讚貓的方式回應「貓快跑時的速度是時速 48 公里左右，比人類快一倍呢」。

但如果在工作場合，就無法用這種強勢的態度回應。有些人遭到反駁時會怒斥：「妳不知道我是誰嗎！」遇到這種用權勢壓人的傢伙，最好的方法就是敬而遠之。

現在有很多年輕人會表示「公司那種運動社團氣氛的聚餐無聊透頂，所以我向來都不參加公司的任何聚會」，此外也可以表明自己要考證照、學外文，或是要照顧祖父母，所以下班之後都很忙。如果對方仍然不肯罷休，說什麼「偶爾也要放鬆一下，加油加油！」，就用明菜回應法回答：「我祖父這幾天病情很不樂觀……。」

運動社團系的思考經常會發展為職權騷擾和性騷擾。

我以前讀大學時，運動社團的聚餐都充斥著「學長倒酒一定要喝」、「學長就要灌學弟妹喝酒，直到他們醉倒為止」之類的文化，還有新生因為急性酒精中毒而被送去醫院。當時的運動社團是充滿男性同性情誼的集團，把通過這種儀式視為「男子氣概的證明」。

1980 年代曾經流行的隧道二人組的《乾杯！》這首歌，充分象徵了當時的這種文化：「有人酒量差，就等著被教訓，不

准小喝幾口敷衍（略），乾杯！乾杯！」而寫下這種歌詞的，就是那位赫赫有名的秋元康。

我大學畢業後任職的那家廣告公司，也有新人喝酒必須乾杯的職權騷擾文化，而且還有男性員工必須在聚餐時全裸的性騷擾文化。因為大部分主管都是年輕時參加過運動社團的老男人，所以會把這些事當成自己的豐功偉業吹噓，直到一名女性員工向法遵部門投訴之後才終結了這種文化。**多虧有人鼓起勇氣發聲，改變了組織整體。**

當時才二十多歲的我完全沒有採取任何行動，非但沒有行動，還成為加害人的幫凶。每次聚餐時，我就跟著拍手炒熱氣氛，認為「公司就是這樣，如果我無法融入這種氣氛，就會遭到孤立」。正因為我反省了自己過去的行為，所以才不希望把這種不良文化傳給下一代。

鬼島日本在進入令和時代後，性騷擾和職權騷擾就像職棒的兩大聯盟一樣激戰。遭遇性騷擾和職權騷擾時的具體處理方式，可以參考本書最後和太田啟子律師的對談。

一位 30 歲左右的女性朋友說：「我向公司高層反映遭到了性騷擾，高層不理不睬，無奈之下我只好找父親陪同，結果那些老男人立刻改變了態度。」一有男人出面態度就變得不一樣，這種男尊女卑的姿態實在難以原諒，真想用 Gretsch 痛打這些

人，用 Marshall 揍瞎他們的眼睛。

很多女人都認為「運動社團系的男人推崇男尊女卑的機率極高」：「聚餐時他們都擺出一副女人本來就應該為他們倒酒夾菜的態度，而且還會灌酒，打算趁女人喝醉酒、不省人事時撿屍回家，簡直太惡劣了。」雖然並不是所有運動社團系的人都重男輕女，他們也沒有燒了我們老家的村莊那種深仇大恨，但的確有許多女人因為這些人而留下不愉快的經驗。

我讀大學期間參加打工地方的聚餐時，被運動社團系的學長罵：「恐龍妹，給我閉嘴！」、「我不要和這種恐龍妹一起喝酒！」讓我很想變成披薩店店員，把義式香腸塞進他的屁眼，但當時我只是嚇得愣在那裡。

如果是現在，我就會假裝是阿宅問他：「如果我告你，你吃得消嗎？」然後要他因為言語暴力對我造成的精神傷害付出金錢代價，即使沒辦法真的讓他支付精神賠償費，寄一封存證信函好歹也可以嚇唬他。當時還在讀大學的我覺得「自己長得醜，所以才會遭到霸凌」，但其實那個學長只是想藉由欺負女生顯示自己「地位比較高」，而且也會欺負其他學弟，這種人專門針對個子矮小、個性文靜的人下手，就是想藉由欺負弱者證明「我很厲害，是充滿男子氣概的男人」。

《Boys 男孩為什麼要培養「男子氣概」？》這本書中曾經提到：

「年輕男性中（略）展現支配欲、頑強男子氣概的傾向，和憂鬱、濫用藥物、霸凌他人、不良行為、危險性行為、性方面的滿足度低、虐待伴侶等有關。」

「相反地，不贊同男子氣概規則的男生，或是無法充分滿足這些基準，以及不想滿足這些基準的男生，就容易面臨成為霸凌標的、被輕視或是排擠的風險。」

看了這本書，就可以充分瞭解這種**有毒的男子氣概**的真實狀況。拙著《看起來很快就會離婚的我，婚姻仍然健在的 29 個理由》中也曾提到，我父親同樣因為無法擺脫男子氣概的枷鎖而走上了自殺之路。

已經死去的父親就像是「浪速的石原慎太郎」，渾身凝聚了有毒的男子氣概。他是典型的運動社團系，把自己做的壞事和風流放蕩當作戰績，用曾經以體罰造成學生死亡的戶塚帆船學校那套教育方式毆打兒子，痛罵兒子：「你這麼弱不禁風，難道是人妖嗎？」還自稱「是會把自己的孩子推下谷底的獅子」，但最後卻是跳樓自殺，結束了生命。我猜想這是因為父親無法承認自己事業失敗、無法認清自己的脆弱、無法向任何人求助，他缺乏承認自己的失敗和脆弱的堅強。

所有男人都必須認清男性社會建立的所謂男子氣概是一種枷鎖，然後擺脫這種枷鎖，擺脫男子氣概帶來的壓力，這將為全人類帶來幸福和安全。

　　雖然當年還是大學生的我面對學長的辱罵說不出話，但我現在已經學會了語言防身術，如果今後再遇到試圖倚老賣老的運動社團系，我會用法國啟蒙思想家孟德斯鳩的話回敬：「真正偉大的人不是站在別人頭上，而是必須和他們站在一起。」

　　此外也想用阿宅回應法問他們：「密納發的貓頭鷹，要等黃昏到來時才會起飛——你知道這句話的意思嗎？」

「妳也太不懂規矩了！
妳的腦袋在想什麼啊！」

惱羞成怒的沙豬

這一篇我要來寫一下我人生中最慘的、被惱羞成怒的人痛罵的經驗。

大約 10 年前，我參加了 311 大地震的公益活動，在活動結束後的慶功會現場發生了那件事。一名五十多歲的男人也參加了那場活動，他當時還是神戶市的議員，雖然我很想公開他的姓名，但姑且還是用 O 這個字母代替。

這個姓大……不對，這個 O 姓議員據說是當地某家企業的後代，帶著幾個像是跟班的人來到會場，其中一個看起來像右翼分子的男人喝醉了，正對主辦單位的工作人員大小聲。

由於當下沒有人上前制止，我就走到那個男人面前說：「你已經造成大家的困擾了，可不可以請你離開？」但那傢伙仍然大聲嚷嚷，我於是瞪大眼睛、抓著他的手臂說：「別說這些了，請你離開。」男人才終於不甘不願地站了起來——我當時的態

度就是學《進擊的巨人》中的漢吉。

就在這時，O 突然走過來說：「好了好了，妳是女生，可以退下了！」什麼？我一臉錯愕地說：「現在說這種話，那你自己剛才還不是悶不吭聲。」我的話音剛落，O 就激動地叫了起來：

「我自己 ?!! 妳也太不懂規矩了 !! 妳這個女人，腦袋在想什麼 !!!」

這種時候應該很適合用「（°Д°）傻眼」這個表情符號。我恍然大悟，「原來這個老頭對年紀比他小的女人不是叫他『議員』，而是說『你』感到不爽」、「他認為自己高高在上，所以無法原諒我用平起平坐的語氣和他說話」。

「議員，請息怒。」當他的跟班走過來勸說時，O 仍然對我大聲咆哮：「妳太不懂規矩了 !!」即使我反問他：「你剛才是不是說『妳這個女人』？」他也不理我。

敵人怒不可遏，很想一拳打死他，但大吵大鬧會造成其他人的困擾，所以我還是忍了下來。之後工作人員來向我說「謝謝」、「太痛快了」，但我一點都不痛快，因為當時沒有發洩內心的怒氣，至今仍然耿耿於懷。

　　那時的我顧全大局，所以沒有大動肝火，但早知道不應該隱忍，因為我是莫名其妙挨罵的受害者，應該當場對 O 說：「你才不懂規矩，你要為對我咆哮道歉。」如果他繼續大小聲，就對他說：「你竟然對選民說這種話，真是太有勇氣了。」我當時之所以無法這麼做，是因為我太習慣顧全大局，而且反應太遲鈍了。假使我是漢吉，一定會當場用毅然的態度抗議，或是不加思索地削他的後頸肉，還可以擰緊用來嚴刑拷打的刑具螺絲問他：「你想捨棄右邊的睪丸還是左邊的？」

　　要是平時不磨練反應能力，在別人莫名其妙動怒時就會陷入混亂，變成像《JoJo 的奇妙冒險》中的波魯納雷夫那樣；如果一直被洗腦「做事必須顧全大局」，就會像反町隆史的《Poison》所唱的那樣，陷入想說的話也無法說出口的中毒狀態。

　　我至今仍然對 10 年前發生的這件事耿耿於懷，是由於對當時無法動怒的自己感到無力。正因為發生過這件事，所以**我在內心發誓，該生氣的時候就要表達出來，這是為了我自己，也是為了我以外的人。**

　　雖然即使我動怒，五十多歲老男人的價值觀也不會改變，但只要我真的對他發脾氣，痛罵：「你竟然對選民說這種話，你不要以為事情就這樣算了！」他應該也會感到害怕，或許就

有機會改變對方的行為。如果那個傢伙以後不敢再對其他女人咆哮「不要不懂規矩!!」，就是人類的巨大進擊。

該動怒的時候不動怒，就無法保護自己的權利，但是很多日本人從小就被「生氣是不好的事」這種想法洗腦，這樣的順民對掌權者來說實在太方便了。因為只要讓老百姓覺得「凡事都要自己負責」、「生氣太任性了」，就不會批判掌權者；當老百姓「不自己動腦，認為聽命行事比較輕鬆」而放棄思考，掌權者就可以為所欲為。

在性別差距指數位居全世界第 120 名的鬼島日本，女人一旦動怒就會受到抨擊，即便是我，以前也曾被「女人必須面帶微笑，親切待人」、「即使遭到性騷擾也要一笑置之」的想法洗腦。

韓國的某個選秀節目中，有男性評審說：「妳是所有練習生中最老的。」話音剛落，所有女性評審同時生氣地問：「兩者有什麼關係？」、「這和年齡沒有關係！」挨了罵的男性評審手足無措，學到了不能用年紀判斷女性這件事。

住在德國的女性朋友表示：「我回日本時，發現很多男人都會面不改色地說一些沒禮貌或是性騷擾的話，太令人驚訝了。」她還說：「德國女人遇到這種事會大動肝火，所以男人

不敢造次。在那樣的社會，男人要是輕視女人就會被其他男人看不起。」

　　日本女人不擅長發脾氣，所以在緊要關頭往往也無法動怒。遭到不合理的攻擊時，必須具備《JoJo 的奇妙冒險》中「極其輕易執行的要命行為（D4C）」的速度和破壞力，為此，練習生氣就很重要。

　　那些惱羞成怒或是對別人咆哮的人，是試圖用氣勢讓對方感到害怕，他們正是因為看不起女人才會這麼做。至於那位姓大……不，是 O 姓議員，如果我是梅克爾前首相，他一定會點頭哈腰、卑躬屈膝；假使我是身強力壯的摔角選手，他應該也不敢對我大小聲。就因為他覺得我是沒有地位也沒有權力的年輕女生、覺得我比他弱小，所以才敢衝著我大發雷霆。由此可見，那些會惱羞成怒的人都是卑鄙的膽小鬼。

　　遇到這種人，**出其不意地嚇唬他很有效**。比方說用「會笑的魔鬼更可怕」作戰法，使出怪盜經常玩的那一招。

　　當對方惱羞成怒時，妳不妨低下頭、顫抖著肩膀，像發瘋似地笑出聲：「呵……呵呵……哇哈哈哈哈哈！哈哈哈哈哈哈！看來各位完全落入了我的圈套……敬請期待一個星期後將會發生的事……再見囉！」說完這句話後揚長而去，對方接下來那

個星期就會過得戰戰兢兢。

　　遇到那些用頭銜評斷他人的傢伙，可以虛張聲勢地說：「哼哼，看來你還不知道我是誰，晚一點我會派手下來找你。哈哈哈哈！」然後坐上馬車掉頭離開。

　　要回擊這種人，**重點就在於「一旦對方有任何囂張的舉動，就立刻嚇唬他」**。我當年也應該假裝是阿宅，對 O 說：「我要向市議會抗議你的謾罵」、「你有辦法承受我的抗議嗎？」

　　而且我也很懊惱當時竟然沒有推特帳號，那時候我還沒開始玩推特，但如果是現在，我就可以在推特上公布他的名字，把他的謾罵昭告大眾。我是自由業的流浪作家，可以在肚子上綁炸彈展開攻擊，他會因此失去社會地位和很多東西，損失比我更大。像推特這種即使抨擊不公不義的事也不會當面遭到毆打的工具普及，真是一件美好的事。

　　10 年前我曾經上網查了「用怨念害人的方法」，但那些做法都太溫和了，所以我最後還是作罷，改像戰國時代的忍者一樣採取「放風聲」的方法。只不過我說的並非謠言，而是事實，「我可是實話實說！」當時不管遇到誰，我都會把 O 議員的事從頭講一遍。

　　結果從報社記者和當地媒體工作人員的口中得知「那個議

員真的很惡劣，風評差到極點」，原來他本來就只有負面評價，當地酒吧老闆還說：「Ｏ曾經在店裡喝得酩酊大醉，把廁所都弄壞了，我聯絡他、請他賠償，他還不理不睬。」竟然連這種廢物都可以當議員，我忍不住感到灰心。

如今 Ｏ 已經離開了政壇，只是有錢的民間人士。《JoJo 的奇妙冒險》中的暗殺小組成員普羅修特大哥早就說了：「當我們心中出現『我要殺了你』這幾個字的時候，代表行動已經結束了！」

到頭來，我什麼都沒做。我不想和那種廢物再有任何牽扯，畢竟那是極其不愉快的記憶，我很想趕快忘記，但是 10 年之後卻仍然記在心裡，早知道會這麼後悔，當初就應該正面迎戰。原來自己是膽小的草包……我忍不住感到沮喪，不過太田啟子律師對我說：「孤軍奮戰不是一件容易的事，尋找戰友是最重要的，遇到性騷擾或是職場騷擾時要向周圍的人反映，尋求協助。光是第三者對加害人說：『這樣不行。』就會有很出色的效果。」

「孤立是最糟糕的狀況，會在精神上把人逼入絕境，所以一定要尋找戰友一起對抗惡勢力，如果仍然無法解決問題，也可以找律師諮商。」

希望各位女性朋友記住「尋找戰友一起對抗惡勢力」和「找律師諮商」這兩件事。我也會在默唸「你想捨棄右邊的睪丸還是左邊的？」這句話的同時，努力練習動怒。

「要傾聽子宮的聲音」

<u>腦袋有洞的狂熱分子</u>

我在 40 歲時接受了全子宮切除手術。

我在前述拙著的「摘除子宮系列」中，詳細記錄了整個過程，當初在連載時也引起了很大的反響，有婦科疾病的女性朋友紛紛和我分享她們的心得：「很高興能夠看到摘除子宮後也不會變成『乾妹妹』這種赤裸裸的內容。」看到這些感想，我也格外開心。

幾年前，日本很流行「子宮系女子」的話題，也就是把子宮視為女性的象徵來膜拜，有點像《銀河英雄傳說》中的地球教那樣，狂熱地崇拜器官。「只要傾聽子宮的聲音，願望就會實現，就會獲得幸福」、「妳之所以會生病，是因為子宮累積了太多怒氣」，每次看到這些無腦的內容，我就覺得不如把器官擬人化，開發成少女遊戲，安排類似「膽囊的脾氣很火爆，一言不合就會馬上掏出短槍」之類的設定。

靈性團體和自然療法這樣的組合，就好像清燉肉湯和燉內臟、TIGER&BUNNY 一樣，簡直是完美搭檔。

　　在談論子宮肌瘤相關的網路報導和書籍中，都會介紹以蔬菜和糙米為中心的糙米菜食、瑜伽、肚皮舞、芳香療法、順勢療法和消除虛冷等，這些方法或許有助於改善健康，但並無法根治病灶。

　　如果有人說「瑜伽可以治療蛀牙」，妳一定會一臉嚴肅地質疑「怎麼可能有這種事」，然後乖乖去找牙醫，但聽說有不少人罹患了子宮方面的疾病，卻「想靠自然療法治好」，拒絕手術和治療，結果導致症狀惡化。

　　我告訴一個大叔朋友說：「我摘除子宮後，身體變得更健康，簡直太棒了。」沒想到他卻問我：「但是妳身為女人，應該很痛苦吧？」我反問：「你會對割掉盲腸的人說這句話嗎？」「**女人摘除子宮就不再是女人**」這種價值觀的根源，正是「**女人的價值就在於懷孕生子**」這個性別歧視的枷鎖。

　　對於散播這種精神枷鎖的人，可以用蛋蛋回應法，叫他「去和你的蛋蛋好好辯論吧」。如果無法這樣嗆對方，不妨冷靜地告訴他：「許多病人因為這種精神枷鎖拒絕手術和治療，結果威脅到生命。」

掌握正確的醫療知識，才能避免受到這種腦袋有洞的人影響，所以不妨在推特上追蹤值得信賴的醫生帳號。山田 Nojiru 女士所寫的《妳是否成為遭到詛咒的女人？》中，充分調查、探討了這些腦袋有洞的人，有機會的話請務必參考閱讀。

我在向女性朋友探詢後，得知了很多真人真事的案例。

「我父親是自然療法的信徒，小時候甚至不帶我去打預防針。當我得了流感發高燒時，他也只是給我吃奇怪的砂糖球，還把詭異的溫灸儀放在我身上。我好幾次都差點送了命，所以才決定走上醫學這條路。」

「我從小就有嚴重的異位性皮膚炎，但我媽堅信『類固醇很不好』，所以給我試了許多民間療法，還讓我泡奇怪的碳酸浴，害我全身都腫了起來。結果我長大之後，自己去皮膚科看了一陣子就改善了。」

要是泡奇怪的碳酸浴，恐怕連《魁!!男塾》中泡過油鍋的富樫也無法說出「真是泡了個好澡」這種話。不對，現在不是開玩笑的時候，我認為不讓小孩子接受標準的治療已經算是虐待了。

我也曾經聽一位女性朋友說：「我媽熱衷天然無添加商品的直銷，一直向周遭的人推銷，但大家都不理她。她的朋友因

此越來越少，變得很孤立，結果就越陷越深。」

我也曾經遇過好幾個人向我推銷直銷商品，如果對方的目的是為了賺錢，我就會用**老鼠會回應法**對付，拿出商品簡介問他：「你要不要看看這種商品？」但要是遇到純粹基於好心向我推薦的人，反而不知道該怎麼處理。

「我朋友信奉『砂糖是壞東西』，在我懷孕時說什麼『懷孕期間的飲食將決定小孩子的性格和發育』，然後寄了 5 本書給我。我不方便寄回去給她，只能和她保持距離。」

如果發揮機智，寄和三盆糖當作回禮，對方應該會很生氣；要是勸她「妳這種做法會沒朋友，最好不要再做這種事」，可能反而會讓她懷恨在心。有沒有什麼方法可以讓當事人發現這件事呢？……我露出一休和尚的表情敲敲木魚後靈機一動——用**肛門回應法**如何？

我曾經在網路上看到一篇報導〈肛門日光浴在國外社群媒體引起話題〉，歐美人在 IG 上分享了全身脫光光躺在那裡、抬起雙腿對著陽光曬菊花的照片，我覺得有辦法恥度大開這麼做，肯定健康到了極點。

日光浴可以增加維他命 D，有助於預防骨質疏鬆症，還能促進血清素分泌。雖然我不想曬黑，但陰部曬黑一點似乎沒關

係，因為那裡原本就很黑，變化應該不會太大。

何況曬太陽不必花半毛錢，只不過問題在於「要在哪裡曬菊花」，在公寓陽台做這種事，對面的鄰居會報警，而且我也不想讓鄰居因為看到我的肛門對健康造成不良影響。

這難道是只限擁有別墅和泳池的富豪名人可以實施的健康法嗎？有一天，一位住在摩天公寓大樓高樓層的朋友邀請我去她家，我在周圍都是玻璃窗的客廳大喊：「這裡太適合做肛門日光浴了！」結果朋友吐槽我說：「妳可別害在附近飛行的直升機墜機。」

如果連朋友的家裡也不行，我到底該去哪裡曬菊花？公共澡堂的露天浴池？但我並不想被列為拒絕往來戶……我每天都在苦思這個問題。

所以不妨問問那些腦袋有洞的人：「妳知道肛門日光浴嗎？」要是告訴對方「我打算下次試了之後上傳到 IG」，可能會反過來被制止：「千萬不要，妳這樣會沒朋友。」

假使告訴她「我現在可以聽到肛門的聲音」、「肛門想要吶喊」、「妳也來聽一下我肛門的獨白」，她就可能會清醒過來，驚覺「我是不是也這樣？好像不太妙」。

萬一對方認為「真不錯！我要來試試！」而付諸行動，最多只會造成陰部曬黑，不會影響健康。對，妳們不覺得肛門很

厲害嗎？簡直就是萬能而偉大的存在，搞不好是神⋯⋯？

如果我開始傳播肛門教，請全力阻止我。

面對這些腦袋有洞、熱衷一些奇奇怪怪事物的人，即使認真質疑：「你說的那些有科學根據嗎？」他們也會反過來向妳傳教：「妳被科學萬能主義綁架了，全都是因為妳沒有傾聽子宮的聲音。」遇到這種人，就要用**傳教回應法**對抗。

如果對方建議妳傾聽子宮的聲音，就回答：「喔，原來妳喜歡這一味！那我向妳大力推薦大和名瀨的漫畫改編的《親密BODY》！描寫一輛去畢業旅行的遊覽車衝進了珍古神社，結果一個男高中生變成了另一個同學的雞雞，配音員演雞雞的演技⋯⋯。」只要手舞足蹈、像機關槍一樣喋喋不休，對方就會覺得「這傢伙都不聽人說話」，進而失去興致。

擅長傾聽的女人往往容易被麻煩人物糾纏，所以如果對方說「我最近很熱衷消除虛冷」，就反過來向她傳教：「原來是這樣！我最近迷上了催麥 12⋯⋯（手舞足蹈）⋯⋯下次要不要

---

12. 譯註：即「催眠麥克風 Division Rap Battle」，由國王唱片製作的 18 位知名男性配音員的 RAP 對決企劃，涵蓋 CD、廣播劇、動畫、真人舞台劇和手機遊戲等。

借 CD 給妳聽？」

　　要是對方迷上了新的事物，或許就可以擺脫那些無腦的信仰，豈不皆大歡喜？

　　曾有女性朋友分享經驗表示：「我在職場公開自己是宅女之後，一些奇怪的人就不再來煩我了。」

　　妳有沒有男朋友？有沒有結婚的打算？這位女性朋友遇到這種煩人的問題時，就會一口氣回答：「比起這種事，我更熱衷追星！這是之前參加活動的照片，你不覺得超讚嗎？你不覺得我追的偶像超讚？」然後對方就會露出「不妙！」的表情退避三舍。

　　「我很高興可以聊偶像的事，對方也不會再來煩我，簡直有百利而無一害。」這位女性朋友說：「而且不會有人向我推銷直銷，因為他們知道我追星花很多錢，整天都很忙，也知道我不會理他們，所以就不來煩我。」

　　阿宅果然天下無敵。最重要的是，宅女看起來都樂在其中，所以別人會認為沒有機會趁虛而入。**因為那些推崇無腦信仰和靈性團體的人，都會針對心靈空虛的人下手。**

　　以前曾經有一家宣稱是「吸引良緣的靈性雜誌」之類的媒

體向我邀稿，我忍不住再三確認，懷疑對方找錯人了。由於我切身體會到靈性團體的危險性，所以向來抱著否定的態度，我看過很多因為相信「算命的說他是我命中註定的另一半」而愛上渣男的例子。

　　一位女性朋友曾在二十多歲時和北半球首屈一指的渣男交往，陷入了推銷靈性療法的泥沼，花了很多錢購買神祕的石頭、鈴鐺或是護身符，她曾眼神空洞地對我說：「因為不隨時帶在身上，就會有不好的事情發生，所以萬一忘記帶，我就會回家拿。不過也因為這樣，我上班經常遲到……。」我忍不住為她擔心，覺得她的情況很不妙。

　　但我仍然用快速學習法的技巧聽她說這些事，因為她完全沒有向我推銷，而且我明白她目前很痛苦。深陷痛苦的人往往希望可以抓住救命的稻草，那些利用他們的脆弱趁虛而入、從他們身上賺錢的人可惡至極。

　　這位女性朋友現在已經結了婚，有兩個孩子，過著幸福的生活。我曾經問她：「那些石頭、鈴鐺和護身符呢？」她說：「我也不知道去了哪裡，可能在搬家時丟掉了。」有時候看到自己的朋友相信怪力亂神、陷入泥沼時會很震驚，於是和他們保持距離，但這些朋友的狀況可能會改變，一旦清醒過來，你們之間的友情也有機會復活。

　　我以前陷入戀愛地獄時，也迷信四處算命，因為當時我的內心很著急：「怎樣才能找到另一半？誰能夠告訴我正確答案！」但在遇到我老公時，我卻完全沒有想去算命的念頭，因為我能夠相信自己的決定，不需要問素不相識的人：「這個人真的沒問題嗎？」

　　當內心不安時，很容易推崇一些無腦的信仰，但這種時候並不需要聽算命師的話，或是傾聽子宮的聲音，而是必須正視內心的不安，找值得信賴的朋友或心理諮商師討論。

　　每個人活在世上都有各自的心靈依靠，有人說，真正的獨立就是增加自己的心靈依靠。**像八爪章魚一樣，擁有很多不同的對象或事物作為心靈依靠，就能夠保持內心的平衡，我認為這是最健康的狀態。**每個人都有心靈失去平衡的時候，這時就會需要「心靈支柱」，所以認真選擇心靈的依靠非常重要。

　　我的母親過去沉溺飲酒，最後因為厭食症離開了人世，我年輕時也曾經沉迷酒精和性愛，因為瞭解自己很容易成癮，所以現在看到吸毒的相關報導都會自我警惕。

　　我決定下次覺得心靈快要失去平衡時，就要抬起雙腿，對著太陽曬菊花。

「至少洋芋沙拉應該自己做」

出一張嘴的說教魔人

　　我簡直氣壞了，決定要用 Gretsch 斬妖除害——因為一位三十多歲的女性朋友告訴了我下面這件事。

　　她是單親媽媽，不僅每天努力工作，還要照顧 1 歲的女兒，幾乎沒有自由的時間。

　　「我想也許在假日時短時間托育，可以讓我稍微放鬆一下，但我對假日托育卻產生了罪惡感。」她為此煩惱不已，於是去向政府機關的育兒諮商窗口諮商，沒想到諮商員竟然用幹話對她說教：「當媽媽的沒有自由時間很正常，妳這個時候應該犧牲自己多忍耐，既然決定要獨力照顧這個孩子，就必須努力堅持下去。」

　　這位女性朋友很受打擊，覺得自己太自私任性，內心的罪惡感於是更加強烈，不敢再和別人討論這件事。

　　我不瞭解育兒的實際情況，但知道那位朋友已經很努力、

幾乎快要崩潰了，更知道這個世界上有許多媽媽孤立無援，被逼入絕境，最後走上了絕路或是開始虐待孩子，也知道很多人都在討論該如何支援這些媽媽。

明明已經走投無路才會去諮商，沒想到諮商員竟然對她說教一番，把她進一步逼入了絕境，這種諮商員根本是嚴重的禍害。雖然那位朋友完全無力反駁，但我告訴她應該去投訴，而且我還想去諮商所的大門口拉一坨屎。

越是無知且價值觀沒有及時更新的人，越喜歡高高在上地對別人說教。那名諮商員顯然認為「育兒是女人的工作」、「母親就必須為兒女犧牲」，但如果她也是單親媽媽，還會用相同的話說教嗎？我猜她一定會安慰我這位朋友說：「獨自照顧孩子很辛苦吧？」在男尊女卑的鬼島日本，女人只因為是女人就不受尊重。

不久之前，洋芋沙拉老頭在日本引起了網友熱烈討論。一位媽媽帶著孩子去買熟食，結果遇到一個老頭對她說教：「都已經當媽媽了，至少洋芋沙拉應該自己做！」我真想把男爵馬鈴薯塞進那個說教老頭的屁眼。我也有一位女性朋友在便利商店買即食味噌湯時，竟然被人咆哮：「妳這個臭女人！味噌湯給我自己煮！」什麼？臭女人？

那些要求陌生人自己做洋芋沙拉和味噌湯的老頭，都在強迫別人接受「下廚是女人的工作」這種性別歧視的價值觀。**隨便對路人說教的老頭和在路上亂撞人的老男人一樣，都認為「女人＝比自己弱的存在」，所以才會加以攻擊**。如果是巴西女拳手蓋比‧賈西亞買洋芋沙拉，他們絕對半句屁話都不敢說（上網查蓋比‧賈西亞，會看到一個像雷奧一樣厲害的姊姊喔！）。

　　此外計程車騷擾也往往成為熱門話題，許多女生都曾經在搭計程車時被司機說教。在向女性朋友打聽之後，發現很多人都曾被計程車司機數落「這麼晚了還在外面喝酒」、「就算被男人怎樣，我看妳也沒話好說」、「妳可以工作到這麼晚，想必賺不少吧」。

　　在外旅行時，未婚女性會被說「年紀不輕了還整天和女生出去玩，小心嫁不出去」，結了婚的女人也還是會被說「竟然把老公丟在家裡自己出門旅行，在我年輕的時候，這麼做絕對會被罵死」。遇到這種司機，實在很想用 Gretsch 從背後削掉他的後頸肉，但身處計程車這種密閉空間，在無處可逃的狀況下，只能露出客套的笑容。

　　我在遇到計程車司機說「能載到妳這麼性感的小姐，真是太幸運了」這種性騷擾言論時，也只能露出尷尬而不失禮貌的

微笑。雖然很想在後座悄悄大便，但可惜沒辦法說拉就拉。

男人大概無法理解，竟然有計程車司機會因為客人的性別不同而表現出不同的態度。一位女性朋友告訴她丈夫：「我一個人搭計程車時，司機說話都不會用敬語。」她丈夫很驚訝。

在鬼島日本，難道女人搭計程車也必須全副武裝嗎？在這邊順便介紹一下我認為不會被男人看輕的打扮，那就是穿著圖案看起來很酷的黑色 T 恤配上骷髏頭飾品。

雖然也很推薦脖子上掛真的骷髏頭或是剛砍下來的腦袋，但實在無法做到的話，不妨就用厚重的首飾武裝自己。

遇到計程車司機說教，表現出「別理我」的態度很有效。可以模仿漫畫家地獄三澤，唸唸有詞地說「我只睡了 2 個小時，好痛苦啊」，然後開始裝睡，或是拿著手機說「工作的資料太多了，好痛苦啊」，接著開始玩手遊，拿起手機假裝和別人通話「你 assign 的 matter 的 budget 已經 agree 了」，也很有效。

還有女性朋友建議，「只要把手伸向車上的問卷調查表，司機就會閉嘴，因為萬一乘客向公司投訴，他們就會很麻煩」、「如果司機的態度失禮，就用手機拍下他的姓名和照片去客訴」。遇到這種狀況，千萬不要忍氣吞聲，向車行投訴或許有助於消滅計程車騷擾。

除了計程車騷擾，還必須消滅職場上的說教騷擾。

有位二十多歲的女生和上司聊到很喜歡喝酒，結果上司就對她說教「妳還沒出嫁，竟然這麼愛喝酒」，她聽了很生氣：「為什麼不能愛喝酒？如果他是說出家前不該喝酒，那還能夠接受！」真想用木魚棒很有節奏地把那個上司的頭蓋骨敲碎。

還有三十多歲的女人被人說「妳都三十好幾了，要趕快生孩子」──即使已經進入令和時代，仍然有人強迫別人接受「女人必須結婚生子」這種性別歧視。

我三十多歲時，有一次看婦產科對醫生老頭說「我不想生孩子」，那個醫生老頭也對我說教：「妳現在不生，以後會後悔！」由於他當時正把鴨嘴擴陰器塞進我的陰道，所以我無法用腳趾頭戳他的眼睛怒斥：「死老頭，你給我閉嘴！」如今也為當時只能露出尷尬又不失禮貌的微笑感到懊惱。

因為我沒有發聲，所以會有其他人繼續受害。我實在應該當場抗議「你這樣強迫別人接受你的觀點，讓我很不舒服」，然後威脅他「我要把這件事公布在網路上」，或是使用**菅原文太回應法**反問：「後悔⋯⋯到底是什麼呢？」接著用南瓜痛扁他一頓。早知道我去看診時應該在脖子上掛一顆南瓜。

這些喜歡用幹話說教的人只是想教訓別人，圖自己爽快而已，我們才不要容忍這些人的自慰行為，如果微笑以對，只會

讓對方以為我們很感謝指點，他們就會得寸進尺。

所以女人要改正不加思索地露出笑容的習慣。當有人教訓什麼「妳還沒嫁」之類的鬼話時，就露出普丁臉回敬，或是用鯨頭鸛的表情目不轉睛地注視對方。此外也很推薦反問他：「這是什麼意思？」、「你會對單身男子說這種話嗎？」

還有就是學一學以下這種推特酸民的幹話回應。

・男言之癮回應法

男言之癮（Mansplaining）也可以譯為男性說教，就是男人高高在上地對女人說教，或是用居高臨下的態度向他人解釋的意思。

遇到有人說「要是不趕快生孩子，卵子就會如何如何」，可以用世界上最討人厭的方式回敬：「蘇格拉底曾說，必須重視真理更勝於孩子、生命，以及其他所有的一切，但這句話對你可能有點難（苦笑）。」如果對方生氣，就再用更討人厭的態度說：「東京的大叔，你怎麼了？」

・海獅行為回應法

海獅行為（Sealioning）是裝出一副彬彬有禮的誠懇態度，死纏爛打地不停發問。這種行為的目的，就是要讓對方不堪其

擾，耗費他的時間。我要是看到網路酸民的這種留言，通常就會馬上封鎖，因為只要一回應就會被對方纏上，後患無窮。

但這一招可用於對付別人說教。如果有人說「妳都三十好幾了，要趕快生孩子」，就接連發問：「你這個意見的根據是什麼？資源呢？有什麼證據嗎？」假使對方生氣，就用最惹人討厭的方式回應：「請你冷靜啊（苦笑）。」、「我們不是正在討論嗎？你想逃嗎？（苦笑）」如果對方反問，就義正詞嚴地回答：「有興趣的話自己上網查！」

•「那又怎麼說」詭辯回應法

「那又怎麼說」詭辯術（Whataboutism）是指明明在討論 A，卻轉移話題問「那 B 又怎麼說」，讓對方沒有機會發言，因為是美國前總統川普最擅長的手法而出名。

比方在討論色狼問題時，就說：「那你怎麼不說還有冤獄的問題？」在討論歧視女性的問題，就說：「那新疆的維吾爾人遭到迫害的問題呢？」酸民尤其喜歡用這一招來對付女性主義者，糾纏不清，他們想必超愛女性主義者。

雖然對無法回應酸民的好感深感抱歉，但這種人其實也很煩，我每次只要一看到就秒封鎖。要是在日常生活中遇到有人用這種詭辯術，我就會毅然指出：「我們現在不是討論這個，

不要轉移話題。」

這種詭辯術可以用來對付說教,如果有人說「既然在帶孩子,沒有自己的時間很正常」,就回答:「那出家呢?」讓對方大吃一驚,接著再用菅原文太回應法說:「出家……到底是什麼呢?」然後敲響掛在脖子上的木魚,這樣一來對方肯定會崩潰。

我也想用幹話回應那些幹話說教魔人,讓對方啞口無言,為社會斬妖除害。

「妳都不聽我訴苦，我們不是朋友嗎？」

情緒勒索的抱怨狂

　　我先聲明，發牢騷並不是壞事，相反地，我認為發牢騷很重要。

　　和糞便一樣，負面感情如果在內心累積就會生病，所以說出來有益身心，適度抒發壓力，有助於維持精神健康。

　　正因為發牢騷很重要，所以更要遵守規則和禮儀。我相信各位都有經驗，有些人每次見面就吐一籮筐的苦水，讓人忍不住心生厭煩，覺得「我又不是情緒垃圾桶」。朋友之間，如果每次都只聽其中某一方拚命發牢騷，就會感到心很累，不瞭解這一點的人往往會遭到嫌棄，越來越沒朋友。

　　為了避免這種情況，我向來力行以下的規則：

- ・先問問對方：「我可以發一下牢騷嗎？」然後才開始吐苦水。
- ・不要只顧自己發牢騷，也要聽對方吐苦水。
- ・用真摯的態度傾聽對方的建議和意見。

‧不要沒完沒了地抱怨，把時間控制在 20 分鐘左右。

‧最後向對方表達感謝：「謝謝妳聽我訴苦。」

‧要有好幾個可以吐苦水的對象，不要只依賴一個人。

只要遵守這些規則，即使發牢騷也不會被討厭，也就是說，**那些人遭到嫌棄並不是因為發牢騷，問題在於他們太自私——**只想到自己、以自我為中心的人就會漸漸沒朋友。

我之所以寫得這麼嚴格，是因為自己年輕時闖過禍，所以是在反省的基礎上，思考如何對付整天發牢騷的人。

我也曾經藉由向朋友訴苦獲得了救贖，因此同樣會希望自己可以幫上朋友的忙，但如果像電玩遊戲中一次次回到原地的地下城那樣，每次都抱怨同一件事，就會讓人覺得心煩。當事人要是懂得體貼對方，打聲招呼說「不好意思，一直說同一件事」，為此向朋友道歉也就罷了，問題是有些人偏偏會擺出「妳都不聽我訴苦，我們不是朋友嗎？」的態度。假如真的很重視朋友，就不會把對方當成情緒垃圾桶，這種類型的人基本上都不會聽別人說話，如果遇到不聽別人說話、只顧自己沒完沒了地發牢騷的人，會讓人有一種白費力氣的感覺。還有些人會對別人提出的意見惱羞成怒，或是遷怒他人，說什麼：「妳根本不懂！」這種人完全不瞭解人際關係的基本，就是相互忍讓、

相互遷就，嘴上說著「下次妳遇到不順心的事時，我也會聽妳訴苦」，卻沒有發現每次見面都是她在說自己的事。

　　希望經常被當成訴苦對象的人捫心自問一下：「我是不是被當成了情緒垃圾桶？是不是被對方利用了？」如果發現的確如此，不妨像《格鬥金肉人》裡的馬桶人一樣把大便頂在頭上，對方一定會嚇得拔腿就跑。

　　不然也可以採取另一種方式，那就是先姑且安慰一下對方，再介紹專門聽人訴苦的服務給她。我上網查到，如果是當面訴苦，3個小時收費12000圓；要是打電話發牢騷，1分鐘收費100圓。介紹專門聽人訴苦的服務給朋友，或許能夠讓對方意識到自己「目前正在做的事，其實是要付費的」。除此以外，也可以推薦朋友「找心理諮商師聊一聊」，或是介紹相關的參考資料，請對方讀讀看。

　　如果是從此不相往來也沒關係的對象，就可以從頭到尾不吭氣。在聽人說話時會附和的女生，往往容易被討厭鬼盯上，所以要像《骷髏13》中狙擊能力超強的殺手一樣，用「……」無言回應。

　　還有一種方法，就是成為只聊某個話題的人。比方說，遇到沒完沒了地抱怨男朋友的人，就雙眼發亮地說：「我之前在BL中看過，這部作品中受和攻的關係簡直太神了！」然後滔滔

不絕地大聊特聊 BL。或是改聊貓的話題：「這樣啊……這麼一想，就覺得貓果然是神，不管再怎麼任性都可以原諒，光是牠願意讓我當貓奴，就要心存感激了。給妳看一下，這就是我家的貓神。」只要出示貓咪的相片，全人類都會不由得露出笑容。

如果是被討厭也沒關係的對象，則推薦使用男言之癮回應法。可以學老男人很擅長的說教方式：「莎士比亞的作品中有這樣一句話，『戀愛就像是影子，無論再怎麼追，都永遠追不上。你逃，他就追；你追，他就逃』。」然後卯起來賣弄知識，對方絕對會避之唯恐不及。

而牢騷回應法和放閃回應法也很有效。「這樣啊，妳真辛苦，不瞞妳說，我男朋友也很自私……。」說完就拚命發牢騷，對方或許會因此意識到「原來一直聽別人抱怨這麼累」。要是最後補上一句「其實我男朋友是二次元世界的人」，對方可能就會嚇到，覺得妳很可怕。除此以外，也可以用放閃回應法：「妳好可憐，換成是我，不管再怎麼任性，男朋友都會順著我……。」也別忘了在最後補充說「是二次元世界的男朋友啦」。口才不好的人可以嘴裡吐出國旗一邊說「我最近迷上了變魔術」，再變出鴿子表示：「我現在要去上魔術課了，再見！」

重點就在於，完全不需要覺得「無論對方是誰，都必須認真聽他說話」，自己有權利決定要不要聽對方說話，希望女人

能夠把這句話牢記在心，避免被討厭鬼糾纏。

　　與此同時，如果重要的朋友遇到家暴或是職權騷擾，就要好好聽她傾訴。不過要是一次又一次聽到相同的話，多少還是會覺得厭煩，會忍不住說：「為什麼不分手？」、「妳要不要乾脆辭職？」但其實她們往往已經陷入了習得性無助的狀態（因為持續受到極大的壓力，導致失去了逃離的動力），責備對方「為什麼不逃？」只會將她更加逼入絕境。

　　遇到這種情況時，可以介紹專業的機構給她。正如在〈施加精神暴力的家暴男〉（第 138 頁）中提到的，交給具有專業知識的人處理才是最理想的方法，所以不妨介紹支持家暴受害者的團體或是維護勞工權益的律師團體給對方，並對她說：「至少打個電話把妳的情況告訴他們。」除此以外，女性諮商中心等綜合諮商機構也都可以介紹給朋友。

　　我在投胎挑父母時抽到了下下籤，但幸好還有地方可以發牢騷，有朋友聽我訴苦，對我說「辛苦妳了」、「妳熬過來了」，讓我走出了傷痛，才能夠克服毒親對我造成的傷害。

　　女人很擅長用發牢騷達到溝通的目的。當有人說出內心的不愉快，其他人附和「我懂」、「妳受苦了」，表達理解和產

生共鳴，就能讓當事人消除壓力。相較之下，男人在一起時很少相互發牢騷。因為「男人不能示弱」、「不能讓別人看到自己的軟弱」這種男子氣概的枷鎖，讓他們覺得「必須靠自己解決問題」、「不可以依賴別人」，我猜很多男人都會獨自煩惱，感到走投無路。雖然他們總說「抱怨也無法解決問題」，但是內心有強烈的不安和壓力時會影響思考能力，無法做出正確的判斷，發發牢騷，維持精神健康，才有助於解決問題。

而且，很多男人不擅長用言語表達感情，這是因為他們被灌輸了「男人不應該為小事悶悶不樂」、「感情不重要，理性才重要」之類的觀念，所以很少好好面對自身的內心世界。無法瞭解自己的感情，也無法明白別人的感情；如果不重視自己的感情，也就無法重視別人的感情。沒辦法用言語表達感情的人，很難和別人建立深入的關係。

從這一點來說，我很慶幸自己身為女人。在我主持的社團「阿爾黛西亞的成年女子學校」中，有專門讓大家發牢騷、吐苦水的「牢騷留言板」。每次看到社團成員說「吐完苦水之後，心情很暢快」或是「看到其他成員的回應，又重新振作起來」，我就深刻體會到，每個人都需要一個可以安心訴苦、抱怨的地方，不必是「我爸爸被人發現陳屍住處」這種驚天動地的事，隨時發洩「我的上司是王八蛋」這種日常生活中的牢騷，將毒

素排出體外真的很重要。

　　但是，當面訴苦其實並不是一件簡單的事。因為對方可能很忙，也搞不好狀況比自己更糟……越是體諒他人的人，越不會輕易向人訴苦，所以**不妨找好幾位朋友建立一個可以相互訴苦、發牢騷的群組**。自己在群組內吐一下苦水，心情就會暢快許多，看到其他人訴苦，也會覺得「原來大家都很努力過日子」，進而受到鼓勵。希望各位把「發牢騷和排便同樣重要」當作口號，在遵守規則和禮儀的情況下相互發牢騷。

——「開開玩笑而已，幹麼這麼認真（笑）」

喜歡嘲笑別人的霸凌者

我從高中女校進入男女同校的大學就讀時，就曾經接受過嘲笑的洗禮。男生笑我「恐龍妹」、「胖妹」、「一定沒有人追」，我雖然很受傷，當時卻以為男孩子都是這樣說話，所以自己必須習慣。但現在回想起來，那只不過是霸凌，因為他們專挑不會回嘴的對象嘲笑。

嘲笑的棘手之處，在於用「笑」來掩蓋霸凌和騷擾的行為。當時的我也會自嘲是「逗趣的恐龍妹（雙手比出勝利手勢）」，用搞笑來回應男生的嘲笑，這是我的自我保護方式——我已經知道自己很醜，所以不要再繼續傷害我了。但其實越自嘲越會被人看不起，那些男生的嘲笑也越演越烈，我的自尊心受到嚴重傷害，最後陷入暴食和催吐。

有位朋友和我一樣，從女校畢業後進入了男女同校的大學就讀，結果學校男生對她說：「像妳這種恐龍妹，沒辦法讓任何男人勃起吧，哈哈！」她回顧說：「我之所以會和家暴男、

精神虐待男交往，就是因為當年的嘲笑像是詛咒，讓我覺得沒有男人會喜歡像我這樣的女生。」即使嘲笑的一方認為只是開玩笑，也會成為被嘲笑者痛苦一輩子的詛咒。

有些人會對那些被嘲笑的人說「不必放在心上」、「要對自己有自信」，但無論怎麼想，都知道問題出在嘲笑者身上。發生肢體暴力事件時，加害人受罰是理所當然的事，但遇到言語暴力的問題，卻要求被害人「不要放在心上」，這也未免太奇怪了。

也有人說「那就變成美女，讓那些臭男人刮目相看」，但這就好像對霸凌的受害者說「要好好努力，避免遭到霸凌」一樣，真正應該改變的，明明是霸凌和騷擾他人的人，以及容忍、助長這種行為的社會。

我認為電視和媒體對這件事的影響也很大。嘲笑外表、嘲笑沒有男（女）朋友、嘲笑性、嘲笑少數族群……從小看著這些嘲笑行為長大的孩子就會認為「霸凌和騷擾別人也沒有關係，反而可以逗人發笑」。

最近，有些年輕藝人會開始表達「這種笑話太老套了，一點都不好笑」等意見，雖然進步的速度有待加快，但的確慢慢往前進。人權意識和性別意識太低的話，就無法在這個社會生

存，而媒體也會逐漸朝這個方向改變，我只希望改變的速度可以更快。

許多女性朋友紛紛表示「男人的嘲笑文化到底是怎麼回事？」、「女生之間不會像那樣相互嘲笑」，女性朋友之間的確很少嘲笑別人的外表，或是嘲笑別人沒有男朋友、還是處女這種事，卻經常可以看到男人相互吐槽「你該減肥了吧」、「難怪沒有女人喜歡你」、「你還是處男，會不會太不妙了」之類，這些言論的根源，就在於無法擺脫男子氣概的枷鎖。

男人基於「想要比對方更優越」的競爭意識，會說出一些貶低別人的言論。「在男性社會中，無法掌握女人的男人難以受到肯定」，這種同性情誼的價值觀，讓男人往往看不起交不到女朋友的人，且和仇女問題也密切關聯（仇女指異性戀男性將找不到女朋友或性伴侶的原因怪罪於女性，因此對女性心生憎恨）。

當男生行為粗暴或具有攻擊性時，「因為他是男生」而加以容忍的社會也很有問題。 我認為消滅這種性別差異的枷鎖，將可以拯救全人類……所以整天都在唸著「巴魯斯、巴魯斯」。

女性朋友之間常會相互稱讚，但男人卻很少會稱讚彼此。女人會說「妳這件衣服很可愛」、「這個髮型很適合妳」，然後大家一起開懷大笑；女人也會相互讚美「妳工作很努力，太

了不起了」、「妳努力照顧孩子，也很了不起」，提升彼此的自我肯定感。男人之間卻不會彼此稱讚，也許就是因為這樣，所以他們都喜歡去酒店聽酒店小姐吹捧。

某部很受歡迎的少年漫畫中有這樣一句話：「當面稱讚男人的男人，不是同性戀就是老狐狸。」我看了之後很驚訝，「沒想到在這個時代，還會出現這樣的內容」。那部漫畫本身很有趣，只是有時候會出現一些落伍的性別觀念，讓人感到失望。

至今仍然有一些老男人看到男人相互稱讚、建立良好的交情，就會嘲笑別人：「你們是同性戀嗎？」而且漫畫中的「老狐狸」三個字，也隱含了「男人必須踩在別人身上，在競爭中獲得勝利」的性別觀念。

男人之間這種「只貶低、不稱讚」的聊天方式也會用在女性身上。一位女性漫畫家朋友就告訴我，曾有個初次見面的男性漫畫家對她說：「妳這個年紀還沒男朋友很不妙啊，哈哈。」她回顧當時的情況又說：「也許他有同行相輕的意識，還得意地覺得不把女人放在眼裡的自己很厲害。」

所謂的戀愛工學也提倡「嗆人」作為吸引女生的技巧。有男性讀者信以為真且親身實踐，結果導致「我喜歡的女生不理我了」的悲劇。

關係密切的男女的確會相互調侃，但要是以為「嗆人就可以和女生建立良好的關係」，那就大錯特錯了，何況即使關係再好，被嗆的一方內心也可能很受傷。「如果第一次見面對方就說出很沒有禮貌的話，我只會覺得『賤男人，趕快去死』」、「女生當然希望受到尊重啊」，女性朋友紛紛猛拍大腿表示贊同。想要獲得對方的尊重，那麼自己也要尊重對方，這是基本中的基本，但有些人卻連溝通中最基本的事都不瞭解。

「不是有男性粉絲在女偶像的見面會上說一些很失禮的話嗎？他們為什麼搞不懂這樣會被討厭？」曾經有女生問我這樣的問題，我回答說：「也許是因為他們還沒有走出二次元的世界。」漫畫和動畫中經常出現「第一印象極差→後來發現對方其實很不錯，於是怦然心動」的劇情，但這是因為是在二次元的世界，何況還是知名配音員津田健次郎配音的角色，所以女生才會原諒他最初的無禮。曾經有男諧星莫名其妙地生氣說：「說什麼女生都喜歡體貼的男人，根本是騙人的，漫畫中受歡迎的明明都是大爺或抖 S 啊！」真想叫他學一下怎麼區分二次元和現實生活。

我很希望可以消滅男生欺負自己喜歡的女生這種文化。「男生掀我的裙子時，老師對我說『他是喜歡妳才這麼做，妳就原

諒他吧』。」聽到有女生這麼說，我不禁猛拍大腿表示：「真的會有這種事，叫他去死！」激烈到連地面都跟著搖晃起來。

因為性騷擾被告上法庭時，有些成年人也會辯解說：「因為我喜歡她。」**我們不應該用「喜歡」這兩個字來淡化騷擾的行為，而是必須告訴孩子，絕對不可以做這種事**，同時強調「作弄對方並無法傳達好感，只會惹人討厭」、「要明白現實生活和動畫、漫畫、遊戲這些二次元的世界不一樣」。

也有女性朋友表示，男朋友會在別人面前說「她腦筋不靈光，哈哈」，讓她感到很不爽。這也是男人為了顯示「我的地位比較高」、「我不把女人當一回事，所以很厲害」的技巧，和這種男人交往，註定會變成沙包。

這種男人往往鎖定不會回嘴的女人攻擊，所以如果他嘲笑妳腦袋不靈光，就模仿漢吉問他：「你想捨棄右邊的睪丸還是左邊的？」

遭到嘲笑時該怎麼辦？嘲笑別人的傢伙看到被嘲笑的人生氣，常會嬉皮笑臉地說什麼「開不起玩笑，哈哈」、「何必生氣呢？哈哈」，實在很難對付。**遇到這種人，一定要使出渾身解數讓對方尷尬到死。**

「這傢伙是怎麼回事……腦袋只有 8bit 嗎？」在心裡這麼

想的同時，死盯著對方，就可以讓氣氛一下子變得很尷尬。也能反問他：「你該不會是戀愛工學的信徒吧？」對方一定會啞口無言（年輕人的話應該會淚眼汪汪）。

如果無法強勢回應，就模仿鯨頭鸛。

「……。」只要像這樣面無表情、沒有任何反應，對方就會很尷尬。用眼神表達「這傢伙的腦袋比屎甲蟲還糟」時，就更像鯨頭鸛了。我曾經去神戶動物王國看過鯨頭鸛，牠比《JoJo 的奇妙冒險》中的岸邊露伴更猛，真的一動也不動，充滿威嚴的樣子，害我差一點什麼都向牠招了。

面對身分地位比自己高的人，鯨頭鸛回應法同樣很有效。

以前當上班族時，有個上司搞不清楚狀況，以為嘲笑別人就是和下屬打成一片。每次他嘲笑我，我就會用自嘲的方式回應，但他實在太煩了，所以我後來練就面無表情的工夫，也完全沒有反應，結果變成他自己超尷尬。跟蹤狂和酸民也一樣，他們最想看到別人急跳腳。一位為 FBI 訓練人質談判的精神分析醫生說過，遇到麻煩人物時，保護自己的最佳方法就是自始至終「沒反應」、「不回答」。

遇到不尊重我們的人，我們當然也沒必要尊重他，而且嘲笑和霸凌一樣，任何人都不能對周遭發生的嘲笑行為視而不見，這一點很重要。

一位在企業擔任主管的女性朋友說，公司有個老男人上司問女員工：「妳今晚也要和老公一起做人嗎？嘿嘿。」這時，另一名男員工提醒他：「這是性騷擾。」上司聽了一臉尷尬，以後再也不敢隨便說這種話。

　　這位女性朋友表示：「那位前輩和他太太正在接受不孕治療，可能因此覺得無法置身事外。」還說：「雖然很不甘心，但即使我出面提醒，上司也只會避重就輕地說我怎麼這麼凶，然後就不了了之。」「沒錯!!」我忍不住狂拍大腿表示贊同，膝蓋骨已經被我拍得滿是裂痕了。

　　鬼島日本是一個男性社會，有再多大腿也不夠拍，正因為這樣，我很希望男人也可以積極發聲。「不要嘲笑別人！」只要大家一起發聲，就可以改變這個世界。為了消滅嘲笑文化，我也要更加精進模仿鯨頭鸛。

「反正我已經是老太婆了」

習慣自嘲的負能量親友

我話說在前頭，自嘲並不是壞事。正如我在前一篇〈喜歡嘲笑別人的霸凌者〉（第 213 頁）提到的，我以前也經常自嘲，但那是自我防衛的手段。只不過**越自嘲，越會被別人看不起，自尊心也會跟著受到嚴重傷害**。

日本的搞笑技藝中有「被嘲笑的一方用自嘲回應」這種傳統的手法。小孩子看到這種搞笑，就會以為「嘲笑別人可以逗人發笑」、「遭到嘲笑時，就應該用自嘲回應」，但這樣其實會容忍和助長霸凌與騷擾。

最近有些女諧星表示「我不再說（自己是恐龍妹之類的）自嘲段子了」，我之前也曾經寫過一些自嘲的內容，但現在都會避免這麼寫。

我在連載專欄「阿爾黛西亞的熟女入門」中描寫自己變老的事，只是為了分享熟女的各種情況，並沒有自我貶低的意思。

包括我本人在內，大家都在升級進化的路上。**一旦發現自己以前的行為不太恰當，只要馬上改正就好。儘管我們無法改變過去，卻可以改變未來的行動。**

日本女人尤其習慣自嘲，一方面是受到把矮化自我視為美德的自謙文化影響，另一方面更因為日本是一個男尊女卑的社會，女人落落大方地展現自信就會遭到批評。

我採訪了幾位曾經生活在歐美國家的女性，她們提供了以下的意見：

・剛出國不久時，我很習慣性地自嘲，結果其他人聽了都露出尷尬的表情，還曾有人問我：「妳為什麼對自己這麼沒自信？」、「妳要更加抬頭挺胸，表現得落落大方。」更有一位親近的朋友很嚴肅地對我說：「妳不要這樣自我矮化，我看了會很難過。」

・在歐美國家，並沒有「落落大方展現自信的女人＝狂妄」的價值觀，行為舉止充滿自信反而會受到肯定。離開日本後我才發現，原來自己之前的行為舉止很努力迎合日本社會對女性的期待。

我聽了這些意見，忍不住一把鼻涕一把眼淚地猛拍大腿。

　　我在中學和高中時，就讀一所提倡獨立自主、校風很自由的女校，接受了「要明確表達自己意見」的教育，進入男女同校的大學後，卻受到了男生以嘲笑為名的霸凌。他們可能覺得「女人怎麼可以這麼直接地表達意見」、「這個狂妄的女人真不識大體」。在女校時，不會有人叫我們「女學生」，我們只是「學生」而已，不是身為「女人」，而是單純身為一個「人」，那裡就像是遠離男性社會的避難所。

　　前面提到的這些女性朋友還和我分享了以下的故事：
　　・日本有稱自己的太太「賤內」這種矮化伴侶的文化，在歐美國家，如果有男人說出這種話，別人會懷疑他的人格，就算夫妻吵架後多少會發牢騷，也從來沒有聽過任何貶低伴侶的發言，反而經常稱讚「我那與眾不同的太太」。
　　・我在日本男性面前稱讚丈夫，結果被揶揄「外國人果然不一樣」，說得我好像很崇洋。
　　・我穿著合身的衣服，被日本男人嘲笑說：「妳還真是使出渾身解數啊，哈哈。」即使向他說明：「雖然我的身材不完美，但我對自己很滿意。」對方的反應卻是「自賣自誇呢，真是辛苦了」。
　　不愧是性別差距指數第 120 名的鬼島日本，噗嗷嗷 !!（吹

響大法螺）

　研究資料顯示，「在女性歧視嚴重的國家，女性的自我肯定感很低」。**為了在不允許女人自我肯定的國家生存，不知不覺養成自嘲的習慣並不讓人意外。雖然不意外，但還是希望這個國家可以改變，讓下一個世代的女性充滿自信地生活。**

　如今，渡邊直美前輩和芭比前輩都表達了這樣的意見（我稱她們為前輩是表示尊敬），所以我每天都吹著幻想中的大法螺，希望能夠繼續推動前輩開拓的未來。

　自嘲的確會讓別人為難，也有很多女性朋友向我表達了以下的意見：

　・每次聽到好朋友自嘲說「反正我這種○○」，就會覺得很難過。

　・聽到別人自嘲「恐龍妹」、「胖妹」、「沒有異性緣」，我都不知道該怎麼回應，而且充滿負能量，聽了心很累。

　・聽到別人自嘲「反正我已經是老太婆了」，就必須安慰她「妳一點都不老」，覺得很煩。

　・聽到有人自嘲「我已經三十多歲了，皮膚都老化了」，就覺得以後變老會很可怕，真不希望這種話成為下一個世代的枷鎖。

如果對方是很熟的朋友，不妨真誠地告訴她：「我很喜歡妳，妳卻這樣矮化自己，讓我覺得很難過」、「妳明明很出色啊，希望妳更有自信。」然後在這個基礎上表達「自嘲會導致自尊心受到影響，讓人覺得看輕這個人也沒關係，容易吸引一些討厭鬼」之類的意見。

如果彼此並不是關係密切的朋友，就模仿前日本網球國手松岡修造的**修造回應法**說：「要更有自信！保持微笑！」只要表現得積極正向，讓對方感到厭煩，她就會有所節制，覺得「以後不要在她面前自嘲了」。

如果是不想有什麼牽扯的對象，則可以用**怪力亂神回應法**說：「妳知道言靈嗎？我看到妳周圍有漆黑的氣場。」要是把烏鴉或貓頭鷹放在肩上，看起來更像巫婆，就會更迷人。不過對方要是也相信怪力亂神那一套，表示：「我也很熱衷研究氣場！」反而正中她下懷，倒是讓人為難。這時就從地上撿一塊石頭說：「據說這個可以趕走不好的東西。」然後趕快閃人。

還有一種方法，當遇到有人自嘲，就用**腳臭回應法**說：「我的腳超臭！可以把椿象熏死！妳要不要聞看看？」接著馬上脫掉襪子，那麼對方一定會逃之夭夭。

有時候，即使當事人沒有自嘲的意思，也會被別人誤以為

在自嘲。比方我這個熟女，就很瞭解會情不自禁說出「我已經老了」這種話的心情。

　　同輩的朋友聚在一起時，相互聊著「我連 1 分鐘前的事也會忘記」、「我在很平坦的路上跌倒」、「每天一到傍晚，視力就變得很模糊」，分享熟女的種種糗事，然後大笑著說「我們都是老太婆」，這是一件很開心的事。但是在年輕人面前說「我已經老了」，對方就會思忖「是不是該安慰她」。

　　所以我都會說「我在展現熟女力」，年輕女生就會接著說：「熟女力很讚喔！」氣氛於是變得很歡樂。

　　我是關西人，經常覺得關西對「阿姨」這兩個字並沒有什麼負面印象。

　　我們小時候都會很親切地叫中年女性「阿姨」，穿豹紋裝、頂著鬈鬈頭的大阪阿姨簡直就是人類最強的族群，超級帥氣，真希望她們可以加入復仇者聯盟。

　　《小麻煩千惠》中的阿嬤身懷絕技，可以用拳頭打破木製椅面，是連黑道也敢揍的最強阿嬤。我也希望以後可以成為像她那樣的老婆婆，如果「阿姨」、「大嬸」日後能夠成為帶有正面含意的稱呼，那就太令人高興了。

有些人在受到稱讚時往往不知所措，於是只好自嘲——我相信也有人是基於這樣的原因自嘲。

比方別人說「妳好漂亮」、「妳看起來很年輕」時，有的人就會像宮澤賢治小說中的又三郎一樣手足無措，「我該道謝嗎？但對方會不會覺得她只是在客套我卻當真了，該該該該該怎麼辦」，最後只好擺出一副阿姨的姿態說：「妳不要開阿姨的玩笑了。」

遇到這種情況，我通常不是隨口回答「嗚哇！」或「哇噢！」，就是用武士的態度回答：「誠惶誠恐，受寵若驚。」反正對方也只是隨口說說，所以只要輕鬆以對，然後開始談更重要的事就好：「我跟妳說，我追的偶像⋯⋯。」

順帶一提，關西人聽到別人稱讚「妳這件衣服很漂亮」時，往往不等對方說完，就會興奮地表示「這件才 1000 圓！」，則是在表達買到的商品物美價廉的喜悅。

2004 年，《敗犬的遠吠》這本書出版了，並且一躍成為暢銷書，書中的重點就是「單身女人懂得自嘲，會更容易在社會上生存」，但揶揄單身女人是敗犬，卻催化了已婚女性和未婚女性的分裂，最重要的是，還給下一代套上了「單身女人必須自嘲」的枷鎖。

經歷了那樣的時代，如今終於漸漸有了「嘲笑和自嘲已經過時」的風氣，由衷希望令和可以成為女人不必矮化自我、可以抬頭挺胸過日子的時代。我則要全副武裝，穿上豹紋裝、戴上大遮陽帽，搭配鐵鎚（抗紫外線陽傘）、鋼鐵人手套（抗紫外線手套），像復仇者聯盟一樣大鬧一場。

太田啟子 × 阿爾黛西亞
<u>不可不知的「法律防身術」</u>

 # 盡可能留下證據

阿爾黛西亞（以下簡稱阿爾） 今天的對談想請教法律專家太田律師，希望可以從法律的角度，談談女性保護自己的方法。

太田 請多指教。

阿爾 首先想要請教一下，在職場上遇到性騷擾和職場騷擾時該怎麼辦？您之前曾經說過「留下證據」和「尋找盟友」很重要對嗎？

太田　盡可能保留可以當作證據的紀錄是基本做法。不要因為電子郵件或是 LINE 的訊息內容很噁心就馬上刪除，要保留一切作為證據，這一點很重要。比方說，辦公桌上放了奇怪的禮物時，就要拍照記錄，而且要養成隨時記錄的習慣。如果有必須提高警覺的對象，可以隨身攜帶錄音筆，當對方靠近時就悄悄按下錄音鍵。即使未經對方同意，錄下的聲音也可以當作證據。

言語騷擾幾乎都是在突發狀況下發生，很難留下證據，所以通常缺乏有力的佐證，但也不必太擔心，抱著「姑且試著留下證據」的心態就好。

基本上，遇到性騷擾和職場騷擾時，可以找諮詢窗口或人事部等公司相關部門反映，但是這種窗口經常無法發揮正常功能，有時候並不值得信賴，所以頂多只能當作其中一個管道。如果這些窗口能夠發揮作用，就可以把加害人調去其他部門，或是不讓加害人和被害人在工作上有交集，甚至可能視騷擾的情況進行懲戒處分，不妨一試。

日記和 LINE 也可以當證據

太田 但現實生活中，很多案例都無法如此妥善解決。如果公司規模很小，根本不可能調動，也可能因為職務的關係，不得不繼續在那個上司手下工作，像這樣無處可逃真的很痛苦。這種時候，就可以考慮向工會、公司以外的諮詢窗口求援，或是和律師討論。

在不辭職的情況下對抗騷擾問題的確不是一件容易的事，但問題出在加害人身上，被害人不需要鑽牛角尖，認為「必須辭職」或「形勢所逼，只能離職」，在決定辭職之前，可以先試著向外界求助。

阿爾 說到留下紀錄，現在人手一支智慧型手機，隨時可以錄音，而且日記、便條紙，和同事、朋友的 LINE 聊天紀錄也都可以成為證據，對不對？

太田 沒錯沒錯，自己寫的日記也可以當證據，雖然可信度未必非常高，但業務日誌、每天的日記，用 LINE 和朋友商量、向朋友訴苦的內容等，再怎麼微不足道的事都可以成為證據，所以不要輕言放棄。

即使在法院審理的案件，也很少有案例保留了完美的證據，就算證據不完美，幾件拼湊起來，也可能被視為有效證據，因此即使再小的證據也不要放棄，盡可能保留下來。

#「盟友」的存在可以發揮遏止效果

阿爾 第二個重點在於「尋找盟友」，孤立無援時會在精神上承受很大的壓力。您以前曾經提到，可以先找上司或同事商量，尋求他們的協助，第三者出聲提醒加害人「不可以這樣」、「最好不要再做這種事」，就可以發揮遏止效果。

太田 要是有第三者出面提醒，情況就會大不相同，不要成為「旁觀的第三者」非常重要。而且對被害人來說，一旦有別人介入，內心也會鬆一口氣。身處騷擾的漩渦時，難免會亂了方寸，但在和別人商量的過程中，可以慢慢釐清自己在這起事件中想要尋求的解決方法，是只要遠離加害人就好，還是希望有人好好教訓對方……。

很多女性遭到性騷擾後往往會選擇辭職離開。繼續留在被騷擾的地方的確會對精神造成很大的壓力，所以當事人才會想著「乾脆辭職算了」，但這畢竟是因為遭到騷擾而被迫離職，有時候換工作可能會導致收入變少，所以還是希望各位把主動辭職當作最後的選項，在離職之前，務必要向公司以外的地方諮商看看。

阿爾　我的一個朋友也去了您介紹的勞工免費諮商窗口諮商，接待她的律師很為她著想，她光是把和律師談話的情況告訴上司，就發揮了很大的效果，所以「我已經和律師談過了」這句話其實很有分量。

太田　這種時候，就必須讓對方感到害怕。年輕女生容易遭到騷擾，正是因為「年輕女生」看起來好欺負，所以明確表達「我去找律師之後，律師這麼告訴我，這不是我說的，而是律師說的」，讓對方不敢再小看女生是很有效的做法。

找律師靠運氣，發揮耐心，找到「好律師」

阿爾　　我認為找律師要靠運氣。另一位朋友也打電話去勞工免費諮商窗口諮商，但她遇到的那位律師似乎就不太理想，好像認為「這種小事不值得大驚小怪……」。

太田　　不同的律師對性騷擾問題尤其會有不同程度的理解，雖然很不希望勞工諮商窗口的律師也有這種情況，但畢竟每個律師都不一樣，所以不要一次諮商不滿意就放棄。

阿爾　　不要輕言放棄!!一種米養百種律師，在遇到好律師之前，不妨一次又一次打電話請教。

太田　　我也同意。因為有些案件可能會持續一年的時間，所以千萬不要在打電話的階段就退縮了。

阿爾　　除此以外，如果沒錢請律師該怎麼辦？即使建議大家找律師諮商，但我相信有些人內心還是會感到不安，因為「就算再怎麼諮商，我也沒錢請律師……」。

太田　　有方法可以減少律師費。目前日本有民事法律扶助制度，日本司法支援中心（俗稱法律平台）可以代墊律

師費。雖然經濟能力未達標準的人才能使用民事法律扶助，不過一旦符合條件，律師費就可以降為普通行情的 1/3 到 1/2，還可以分期付款，有助於減輕負擔。

只不過這項制度也有極限，未必能夠用來委任自己滿意的律師，但法律平台提供三次挑選的機會，所以可以實際前往，努力在三次之內找到滿意的律師。只要委任在法律平台結識的律師，就一定可以按照法律平台的費用計價。年輕女性如果不使用這個平台，可能在經濟上負擔會比較大，所以不妨記住「想要找律師諮商，但又想撙節律師費時，就找法律平台」。

自由業也不妨先請教律師

阿爾　原來還有這種方法，那麼請問自由業遭到客戶騷擾時該怎麼辦？

太田　從事自由業的女性朋友就真的比較辛苦，因為並不屬於任何公司，而是個別與客戶交涉，有時候會遇到對方利用立場上的優勢騷擾。

如果不符合勞動法的「勞工」條件，便不適用勞動法，也就無法受到勞動法的保護。雖然可以針對個別業務委託契約相關的問題或違法行為等法律糾紛的層面抗爭，但因為不受勞動法保護，所以無法解決惡意殺價的行為。即使雙方實力有明顯差異，但在法律上會認為都是獨立業主、進行對等的交易，所以自由業真的很辛苦。

由於沒有僱用合約，不算是下屬執行上司的業務命令……通常會認為既然受到騷擾、感到不舒服，那就可以根據自己的判斷拒絕這份工作。雖然表面上如此，但背後還是存在「如果我不接這份工作，日後可能無法在業界生存」這種權力平衡的問題，這就是法律無法解決的難題。

阿爾 敝人也是自由業，真的很痛苦！

太田 即使自由業在名義上是「業務委託」，但如果實際上具備了可以稱為「勞工」的「使用從屬性」，就可以主張適用勞動法。「使用從屬性」就是對於委託的工作和從事業務的指示沒有拒絕的自由，以及得由對方命令、指揮業務內容和執行方法等，必須包含這些要素。重要的

是法律並非根據名義，而是根據實際情況判斷是否為「勞工」。

但有些自由業還是無法稱為「勞工」，而且自由業遭到騷擾的案例相當多，近年更受到了矚目，日本政府也認為必須採取相應的措施。烽火已經點燃，雖然可能有點難度，但千萬不要輕言放棄，還是要努力留下證據，何況有些事情根本已經違法了。

阿爾　真希望到處點燃烽火！雖然難度很高，但還是可以像上班族那樣，先去勞工諮商窗口和法律平台免費諮商。

太田　是啊，透過諮商也可以知道能為自己爭取到什麼權益，以及缺少什麼證據。不要一開始就認為付不起律師費而放棄，至少和律師商量一下。

用「家暴 ○○縣市」的關鍵字上網搜尋

阿爾　如果遭到伴侶的言語暴力或是家暴時該怎麼辦？

太田　首先要好好思考自己打算如何處理和對方之間的關係。要是想分手，那麼視雙方是否有婚姻關係，難易度將會

完全不同。兩人已經結婚的話，一旦對方不同意離婚，就必須走調解或是訴訟這條路，整個過程會很辛苦；如果沒有結婚，就可以離開他——雖然也發生過對方窮追不捨、發展為跟蹤狂事件的案例⋯⋯。

很多女人在遭到言語暴力、想要分手時，在經濟上卻都必須依靠對方，尤其是家庭主婦或是只有打零工的女性，往往需要兩、三年的時間為離婚做準備，最後才能夠順利離婚。經濟上的獨立自主很重要，而且有沒有小孩、自己的健康狀況、和娘家之間的關係，都會對實際情況產生影響。此外即使經濟無法獨立仍然想要離開對方，否則可能發生危險的話，就不要有任何猶豫，馬上申請保護令。

有時候自己也會搞不清楚希望如何解決，如果想要和別人商量家暴或是精神暴力問題，可以找政府的家暴諮詢窗口。那裡的女性諮商員是這方面的專家，遇到法律問題時，則會轉介給律師，或介紹安置中心作為暫時避難所，也會介紹公營住宅等可以使用的制度和政府部門能夠提供的協助。

根據日本的《家暴防治法》，國家和地方公共團體「有責任和義務防止被害人遭到配偶的暴力，同時支援其自立，提供適當的保護」。在網路上輸入自己所居住的地區，搜索「家暴 ○○縣市」，就可以查到政府部門的諮詢窗口，這些窗口相對比較便民，不妨打電話詢問一下。

當然，第一時間請教律師也沒有問題。即使還沒有決定要不要離婚，只是想瞭解離婚之後的情況，以及需要哪些證據才能夠離婚時，也可以先聲明「這次只是來瞭解情況」，再向律師請教法律相關問題。所以女性朋友遇到這種事時不要有任何顧慮，要積極尋求諮商，法律比大家想像中更能夠保護女性。

阿爾　本書中有一個章節就是談論「家暴男」，我深刻體會到，會家暴的人一輩子都不會改。我的一位女性朋友在訂婚後遭到家暴，於是去找了家暴被害人支援團體，她告訴我，那個團體的工作人員很多都曾經是家暴被害人，所以提供她很大的幫助。工作人員對她說：「別擔心，妳遇到的情況就是家暴沒錯。」不僅協助她確認了家暴行為，還告訴她：「如果有需要，我們可以為妳介紹對家

暴很有研究的律師。」讓她在精神上得到極大的安慰。

太田　希望更多人能夠瞭解向專家求助的重要性。和朋友或是家人商量時，他們很可能自認為為當事人好，結果提出一些並不恰當的建議。不妨姑且把那些當作親朋好友的關心，可以的話最好還是請教專家，畢竟一旦牽涉到離婚或是毀婚，就已經是法律問題了。

我經常遇到一些當事人誠惶誠恐地上門，不確定事情可不可以請教律師……其實如果事態還沒有嚴重到要告上法庭，律師就會明確說明，也會介紹可以提供協助的相關窗口，這些都屬於法律諮商的範圍，所以希望大家可以帶著輕鬆的心情前去諮商。雖然這麼說有點像想擴大律師的業務而打廣告，但重點就是要大家輕鬆利用法律諮商。

而且，有幸從來沒有遭遇過精神暴力等各種家暴的人，往往無法體會其中的痛苦，那些不瞭解狀況的朋友或父母，經常會用「我很擔心妳，我是為妳好」的態度，要當事人「別因為這種小事就鬧離婚」、「要為了孩子忍耐」或是「他也是因為愛妳，才會一時衝動說出這種

話」，這些聽起來像是為當事人著想的意見，有時候反而造成她更大的痛苦……。

阿爾　很希望周遭的人能夠告訴當事人：「要不要去找律師聊一聊？」

太田　我也真心這麼希望。有不少女性來接受法律諮商時，會戰戰兢兢地問：「我不知道他對我做的事，是不是真的嚴重到可以訴請離婚，很擔心法官認為這些事忍一忍就過去了……。」她們的遭遇幾乎都可以名正言順地訴請離婚，但當事人卻經常失去自信，認為「會不會是我的錯？」，顯然家暴也會嚴重打擊女性的自信。

阿爾　雖然親朋好友都會勸當事人「你們要不要好好溝通一下」，但是正因為無法正常溝通，才會演變成家暴啊。

明確的 YES 以外都是 NO

阿爾　如果變成強暴等性暴力的被害人時又該怎麼辦？

太田　第一時間就要報警，然後聯絡所在地的支援中心（由醫師進行身心治療和心理諮商，提供相關偵查和法律等各

方面支援）。雖然會覺得自己遭到強暴的身體很髒，但一旦發生強暴事件，千萬不要沖澡，一定要帶著案發當時的衣服和內衣褲去報警才是最佳的處理方法。儘管很少有人能夠真的這麼做……。

阿爾　我有一位在婦產科工作的女性朋友也說，遭到強暴後，檢查時要採集歹徒的 DNA，所以千萬不能沖澡。雖然很痛苦，但一定要當場打電話報警，然後別沖澡，直接上警局。

太田　通常和加害人之間有某種交情時，被害人才會猶豫到底要不要報警。如果突然遭到陌生人強暴，被害人一定會意識到「我被性侵了」，但要是熟人，或是上司、朋友，往往需要一段時間才會意識到自己遭到性侵。這個問題真的很難。

阿爾　雖然連想都不願意去想，但還是希望每個女性朋友都可以記住這一點。

太田　沒錯沒錯，我認為事先有所瞭解真的很重要。因為人遇到意想不到的狀況時往往會六神無主，無法妥善處理。就好像避難訓練很重要那樣，事先瞭解相關資訊是很有

意義的。

阿爾　在雙方是否性合意的問題上，在日本通常會指責被害人，「除了明確的 NO 以外都是 YES」的價值觀根深柢固，但在歐美國家，明確的 YES 以外都是 NO。

太田　「YES means YES」，真的就是這樣。

阿爾　雖然被害人會認為是不是自己做錯了什麼，但絕對不是這樣。整個社會都必須譴責加害人「為什麼沒有徵求對方的同意？」，然後大聲疾呼「停止指責被害人，避免造成二度傷害」。

太田　每個人都必須意識到「我們生活在一個有問題的社會」，這件事非常重要。雖然要大人向小孩子或年輕人揭露這樣的現實很痛苦，但還是希望能夠當作一種防身術，讓年輕世代瞭解社會上存在著這樣的課題。

在網路上遭到霸凌該怎麼辦？

阿爾　最近經常發生網路上的誹謗中傷或是攻擊，要是遇到了該怎麼辦？

太田 首先要留下網址連結和截圖，接著和律師討論是否能夠追究對方的法律責任。如果是匿名帳號攻擊，必須先查出對方到底是誰，也就是根據日本的《網際網路服務供應商責任限制法》，請求網際網路服務供應商提供留言者的資訊，但通常只有「具有明確侵害權利情事」時，網際網路服務供應商才會同意提供，相關申請手續真的很麻煩，而且除了律師費以外的實支費用也很高，往往令人頭痛。在日本，最近這條法律大幅修正，有些項目獲得改善，但通常很難自行處理，所以務必請教律師。

基本上，言語攻擊並不會輕易觸法。無論是攻擊或是批評，即使是極度曲解和扭曲的評論，也只是「和事實完全不相符的惡劣攻擊」，不會那麼簡單就觸法。

經常有人問我：「對方寫了這麼惡劣的內容，是否已經妨害了名譽？」我先說結論，這些行為並不會輕易構成「妨害名譽」。妨害名譽分為「妨害名譽罪」的犯罪行為，和違反《民法》、能夠請求損害賠償的行為，在實務上，目前的案例幾乎都是民事訴訟，所以下面我也從民事的角度來討論。

妨害名譽就是對不特定人或多數人傳達將降低某人社會評價的事實，關鍵在於是否能夠稱之為「事實」。網路上的誹謗中傷有相當大的比例並非「事實」，只是感想、意見或是主觀想法，「事實」和「感想或意見」的區別，就在「能否用證據判定有無」。比方說，留言陳述「某某外遇」或是「某某有前科」，就是「揭露事實」，但是「那家餐廳超難吃，最好別去」、「恐龍妹的嫉妒笑容」、「當律師混不下去了，想要靠炒話題撈一票嗎？笑死」這種留言，無法用證據來證明，只是主觀意見和感想，所以並非「事實」。我以前也曾經因為網路霸凌太嚴重而在網路上搜尋自己的名字，結果發現幾乎都不是「揭露事實」，而是謾罵、嘲笑和錯誤而扭曲的評論。

阿爾　很多真的都只是謾罵。

太田　即使是令人很不舒服的中傷，感想和評論還是無法輕易構成違法，但如果太超過，就可能違法。要是有人在推特上寫「我想要用太田啟子腐臭的羊水兌燒酒來喝，哈哈」之類的內容，網際網路服務供應商就會同意提供留言者的資訊，但這可能算是見仁見智的案例……。即使

沒有揭露事實，但要是否定他人人格的「侮辱」，或是用照片、插圖讓第三者可以明白指涉對象，並且在性方面有貶低性的描寫，就可能構成違法行為，所以一旦遇到網路霸凌千萬不要輕言退縮，雖然門檻的確相當高。

阿爾　真希望法律趕快追上時代的腳步……！這件事也希望大家紛紛點燃烽火。

首先必須練習動怒

阿爾　我在寫女性主義的專欄時，經常會遭到很多謾罵攻擊，於是在專欄文章中提到「將對惡劣的誹謗中傷和謾罵採取法律行動」，結果之後就完全沒有這種留言了，所以讓網路酸民感到害怕很重要。

太田　那些人就是不把別人放在眼裡，所以才會那樣謾罵攻擊。即使不是真的要採取法律行動，也要告訴對方「我明天會找律師談一談」、「我已經都截圖了」，表現出毅然的態度，這一點非常重要。

偏偏很多女生不知道要擺出不惜一戰的姿態。雖然每個

人的情況不一樣，但男生從小就被教導「要挺身而戰」、「要威嚇對方」，一旦瞭解到社會上會有人想要傷害自己的尊嚴，女生也應該學會遇到這種情況時如何為自己而戰。

阿爾　因為女生從小就被教育要「親切待人，隨時保持微笑」，所以會不加思索地露出笑容，不習慣生氣動怒，那些性騷擾的加害人才會說出「對方也很高興」這種鬼話。

太田　加害人的認知根本完全扭曲了。

阿爾　我年輕時也曾經被洗腦，說什麼「遇到性騷擾一笑置之就好」。

太田　一笑置之是那些大人唯一的處世之道，所以我們首先要意識到這件事，然後練習該動怒的時候就必須動怒。

阿爾　要在鏡子前練習普丁臉！而且，日本有很多人一開口就會先聲明「我並不是女性主義者」，我想就是因為擔心「動怒的女人會被討厭」。

印象中，韓國男人也很討厭女性主義者，但現在韓國十幾、二十歲的女性都會明確表態，認為自己是女性主義

者，越來越多年輕女性認為「既然一樣會被討厭，那我就要說自己是女性主義者」。

太田　這些年輕女生都很有主見……。現在也有當紅的偶像公開宣布自己是女性主義者，當女人能夠說出自己欣賞那些對精神獨立、有話直說的女人不感到害怕的男人時，我想男人也會跟著改變。

阿爾　真希望有一天，女人可以大聲地說：「我才不要那種只追求比自己弱小女人的男人！」

不需要在任何境遇都閃閃發亮

阿爾　我希望所有女生都把「三十六計，走為上策」這句話刻在腳底，因為那些努力不懈、腳踏實地的女生往往會覺得「不能逃避」，但是在長時間承受壓力之後，卻往往會失去逃離的力氣，陷入「習得性無助」的狀態。所以要有「能逃就贏了」的想法，記住「苗頭不對就快跑」。

太田　畢竟這個世界上有些人會傷害別人的尊嚴，所以必須好好保護自己。

阿爾 雖然很容易自責「我太軟弱了，我這樣太糟了」，但我們必須瞭解到「真正的堅強是能夠向他人求助」。

太田 我也認同。同時要有不迎合他人的勇氣，雖然我們常常會下意識地取悅別人，但有些人根本沒必要取悅。

阿爾 我很討厭「在落地處開花，無論在任何境遇都閃閃發亮」這句話。因為如果落地處是臭水溝的話，難道一輩子都不能離開了嗎？我們並不需要具備堅韌不拔的毅力，年輕女性很容易成為性騷擾和職場騷擾的標的，所以一旦認為「這裡是臭水溝」，就要趕快逃。不被困在某一處，就有更多機會發現適合自己的地方；如果覺得無法繼續努力了，不妨休息一陣子，暫時去別的地方也沒關係。

太田 沒錯，我同意妳的意見。

阿爾 我周遭的朋友幾乎都有離職和休長假的經驗，目前也都活力充沛地投入各自的工作。我想告訴眾多女性朋友，疲累的時候就好好休息，適時尋求幫助，即使暫時停下腳步，人生也不會就這樣結束，隨時都可以重啟。

結
語

如果聽到耶穌說：「你們中間誰是沒有罪的，就可以拿石頭丟她。」我一定會立刻在石板上下跪大喊：「對不起 !!」

我以前無知又遲鈍，曾經說出一些無意中傷害別人的話。但正因為我反省了以前的行為，所以如今把「升級進化不可鬆懈」這句話刻在禁忌手冊中。

我在書中寫道，「關係不錯的朋友卻說出一些遊走在歧視邊緣的話，讓人感到不爽，內心很痛苦。我們必須瞭解到，會感到不爽代表自己已經升級進化，敏感地察覺到歧視問題，也就可以避免在無意識中傷害他人」。

討論性別歧視和性別差異的問題時，很多人會因為和朋友之間認識的落差而感到不舒服。該怎麼向對方說明？又該從哪裡開始說明？……當陷入這種煩惱時，如果本書能夠發揮作用，將是我莫大的榮幸。要是覺得自己一一說明太麻煩，不妨直接把書借給朋友，讓更多人能讀到。

在國外，包括女神卡卡、艾瑪‧華森、亞莉安娜‧格蘭德和歐巴馬前總統等，很多名人都曾

公開表示自己是女性主義者，歌手泰勒絲也曾經在接受採訪時表示：

「我在十幾歲時，並不知道女性主義者是在追求男女擁有平等權利和機會的社會，總覺得只是把一些討厭男人的人稱為女性主義者罷了。但現在很多女生都已經正確理解了女性主義者的含意，所以也喚醒了我內心女性主義者的一面。」

泰勒絲也是在一位女性密友向她說明女性主義的含意之後才終於瞭解，「雖然我從來沒有主張過，但我認為自己一直是女性主義者」。

在日本，一旦宣稱自己是女性主義者就會遭到抨擊，被貼上負面標籤。在這個性別差距指數位居全球第 120 名的鬼島，我向來大聲宣告：「嗨，我是女性主義者。」

正如我在〈前言〉中所寫的，女性主義拯救了我，而且正是因為許許多多前輩不畏猛烈的攻擊，持續為「女人也要有人權！」奮鬥，我們才有今天的生活，為了把接力棒傳給下一個世代，我決定光明正大地表明自己是女性主義者。

因此，當遇到有些人不是很瞭解性別差異和

女性主義、說出一些讓人生氣的話時，我就會盡可能用淺顯易懂的方式向他們說明。因為一旦被認為「性別差異和女性主義好像很費解」、「感覺很麻煩，還是不碰為妙」，就沒辦法讓更多人進一步瞭解。畢竟大家都在升級的路上，只要每個人都能夠加以理解，整個社會就可以一起更新升級。

我最近和女性朋友見面時，都會談到女性主義的問題，就連以前會問：「厭女是什麼？可以吃嗎？」對這類問題完全沒有興趣的朋友也漸漸醒悟，所以我相信這個趨勢不僅不會停止，還會不斷加速。

2017 年，#MeToo 運動如浪潮般從美國湧向世界各地，日本也有許多女性發出了聲音。前首相森喜朗那句「女人太多，開會很浪費時間」也遭到民眾抗議，有大約 15 萬人連署抗議，成功影響了輿論和政治。還有越來越多男性也願意發聲，目前世界各地的民眾都用實際行動證明，只要每個人都願意發聲，就可以改變社會。

與此同時，似乎也有很多人認清了鬼島日本

的「鬼島度」而感到絕望，但我卻親眼看到了這幾年的變化，從中感受到希望。

以前認為稀鬆平常的歧視言論，如今會遭到強烈抨擊，邁入了一個該動怒就動怒的時代。如今大學中的性別課程很熱門，也經常有年輕人告訴我「看了妳的文章後，我才認識女性主義」。

10年前，即使我向出版社提議「想以女主主義為題寫作」，也會被編輯拒絕，現在卻可以出版這樣一本書，為此我每天都心存感激，慶幸自己15年來持續寫作。

45歲的我在平地走路也會跌倒，而且跌倒時也沒辦法降低衝擊，但是我語言的瞬間爆發力卻大為提升，所以現在的我比年輕時過得更輕鬆。我該生氣的時候就會生氣，也有很多朋友會和我共同發聲，我和女性主義同好一起吹響大法螺，感受到姊妹情誼的堅強和溫柔。

在日本，勇於發聲的女人往往會遭到抨擊，何況持續發聲也需要能量。認為「發聲也無濟於事」、「反正現況不會改變」而決定放棄還樂得輕鬆，停止思考、希望維持現狀固然輕鬆，但如

果每個人都這樣，世界永遠不會改變。

哪怕只是一點點，我都希望世界可以變得更好，所以會活力充沛地持續發聲怒吼，連同想要發聲卻沒有體力的人的份一起。同時，我想告訴年輕時的自己：「雖然現在走在平坦的路上也會跌倒，但我很好，加上整天吹響大法螺，肺活力也變得更強了。」

我並不想成為名留青史的作家，也不需要銅像、墓碑和棺材，如果可以，我想要鳥葬，但我最大的願望，就是各位讀者能夠瞭解，「阿爾黛西亞即使死了，也不會放下大法螺」。

我目前還不打算死，以後也會持續寫文章，如果能夠和正在讀這本書的妳一起打造未來，將是莫大的喜悅。

本書乃集結 Wotopi 網站連載專欄「被說了〇〇而覺得怪怪的我」、「刺心話圖鑑」（2020 年 6 月～ 2021 年 4 月），以及 Mynavi Woman 網站連載專欄「＃造成女性困擾的人」（2020 年 1 月～ 12 月）文章後，經修潤、加寫而成。

與其事後越想越氣，不如當場這樣反擊

別把所有不對勁都當成過度反應，認清似是而非的性別誤區，一招反制歧視與偏見，
鬼島女性走跳江湖必練的「語言防身術」！

モヤる言葉、ヤバイ人〜自尊心を削る人から心を守る「言葉の護身術」

作　　　者 — 阿爾黛西亞
譯　　　者 — 王蘊潔
責 任 編 輯 — 林蔚儒
美 術 設 計 — 謝捲子@誠美作
內 文 排 版 — 簡單瑛設

出　　　版 — 這邊出版／遠足文化事業股份有限公司
發　　　行 — 遠足文化事業股份有限公司（讀書共和國出版集團）
地　　　址 — 231 新北市新店區民權路 108-2 號 9 樓
電　　　話 — (02)2218-1417
傳　　　真 — (02)2218-8057
郵 撥 帳 號 — 19504465
客 服 專 線 — 0800-221-029
客 服 信 箱 — service@bookrep.com.tw
網　　　址 — http://www.bookrep.com.tw
臉 書 專 頁 — https://www.facebook.com/zhebianbooks
法 律 顧 問 — 華洋法律事務所　蘇文生律師
印　　　製 — 呈靖彩藝有限公司
定　　　價 — 新台幣 380 元
I S B N — 978-626-96715-9-5（紙本）
　　　　　　 978-626-97669-0-1（PDF）
　　　　　　 978-626-97669-1-8（EPUB）

初版一刷　2023 年 09 月
Printed in Taiwan

有著作權　侵害必究
※ 如有缺頁、破損，請寄回更換

國家圖書館出版品預行編目 (CIP) 資料

與其事後越想越氣，不如當場這樣反擊：別把所
　有不對勁都當成過度反應，認清似是而非的性
　別誤區，一招反制歧視與偏見，鬼島女性走跳
　江湖必練的「語言防身術」！/ 阿爾黛西亞作；
　王蘊潔譯 .-- 初版 .-- 新北市：這邊出版，遠足
　文化事業股份有限公司，2023.09
　256 面；14.8×21 公分
　譯自：モヤる言葉、ヤバイ人：自尊心を削る人
　　　　から心を守る「言葉の護身術」
ISBN 978-626-96715-9-5 (平裝)

1.CST: 修身　2.CST: 生活指導

192.1　　　　　　　　　　　　　　112012570